非常關係

Unusual Relationship

鄧惠文

・序・

非常關係，恆常真心

《非常關係》出版十年了。

這十年，人們對於愛情的觀念有些改變，但也總有些始終不變的。

十年前的愛，現在如何了？

十年前的痛，現在如何呢？

那時認為過不去的，那時堅信為永恆的，現在都還在原來的位置上嗎？

或許早就遠離，跳接新的軌道，不再碰觸那些曾經。或許一路攜帶，過去也成為現在的一部分。

生活的步調愈快，思量的空間愈小。偏偏感情不是邏輯能解，而是人性的全面激盪，因此世界的進化，不一定會讓幸福變得更容易。

可控和未知，覺察與無明，當下及殘影，總是錯綜交疊。需要許多修為，才能如實地面對一切。

這應該就是我們持續追尋的——

非常關係，恆常真心。

鄧惠文

二〇二一年九月五日

・初版序・

不算答案的答案

《非常關係》終於和大家見面了！

對我而言，這是個非常奇妙的成品。我寫東西很慢，說話也常為了想要包羅各種可能性而變得囉嗦無比。雖然整天都在想東想西，卻不容易成文付梓。過去一年來，因為「非關命運」這個節目，團隊裡的同事——包括製作人、編寫人、主持人、各領域的專家老師，都在學習如何用最簡潔的方式回答大家關心的各種頭痛問題。我們之間最常見的對話，大概像是這樣：

腳本編寫：「鄧醫師，這一集我們想談一下男人為什麼不喜歡告訴太太實話。請妳分析一下他們的心態。」

鄧：「這個嘛……這很難一概而論耶。男人也不是『都』這樣吧？取決於夫妻之間的相處習慣、成長背景、家人關係……還有，不同的事情，原因也不同啊……妳指的是什麼事不讓太太知道？」

編寫：「比方說，下班後去了哪裡，為什麼沒有立刻回家啊。還有偷買昂貴的釣竿，藏在汽車後座啦……」

鄧：「那要看是什麼樣的人，上什麼班，夫妻感情好不好，以及外面有什麼事吸引他，還有他都去哪裡釣魚，家事的分工，內心的道德標準……喔，跟童年對父母的印象也有關呢……」

編寫：「沒有辦法歸納出三或四點嗎？」

鄧：「不行耶……妳不可以把男人想得這麼簡單啦！」

大家可以想像我的同事無奈的表情——她們心裡一定忍不住說過：「拜

託，找麻煩啊？」或是，「可以不要寫鄧的部分嗎……」

其實，我心裡非常佩服能夠編寫這種節目的同事，也深深瞭解她們的壓力！如果要包羅所有的可能性才回答，根本沒有什麼問題可以在節目中討論了。所以大家還是一起努力不懈，挑戰不可能的任務。

如果把看待事情的習慣區分為歸納型和演繹型，歸納思考是科學的，可以從諸多樣本中化繁為簡，找出通用公式之類的東西。可惜經過多年的科學訓練，我最大的了悟就是明白自己天生不是個科學人。我喜歡把每一件事、每一個人都當作獨一無二的，與其尋找共通點，不如說我更著迷於相異點。

人心多麼複雜，每個人擁有獨特的個性，在獨特的環境中，做出獨特的反應，產生獨特的感受，每個人的問題都需要以獨特的方式去瞭解，沒辦法提供統一的答案。這就是我的想法。

如果完全順從本來的個性，我應該會變成直覺與理性分裂、沉溺於情緒、重複愛上不對的人、發胖還繼續吃甜食、有痘痘就摳而滿臉坑疤、幻想新衣服會改變人生而買到爆櫃、一年放假八個月而一事無成……這樣的一個女人。所幸因為我遇到的人事物以及工作，使我不得不拚命抓住並且使用原本不發達的理性。我非常珍惜能和許多人交換想法與感受的機會，但像我這樣的人，沒辦法提供所謂「人生難題的答案」，只能盡力分享對於各種有情關係的觀察與嚮往，對於許多堅持以肉身出入於危險人間、至情至性的朋友們，表達無上的支持與祝福。

感謝美人姐催生「非關命運」和本書，感謝閻驊先生文字整理協力，以及皇冠出版社編輯大人慧瑋、棲甄，和我一起改寫訂正到最後一刻（還要感謝因為慧瑋媽媽加班而被留在學校的小朋友）。希望這本書有機會像小石頭般，在一成不變的日常生活中泛起一點漣漪，我的幻想是：「這本書竟然說女人如何如何，你該不會也認為我是這樣吧？」如果能因此開啟與情人朋友之間的話題，甚至同仇敵愾地挑錯，不是很好嗎？

祝大家越來越自在、越來越幸福！

鄧惠文

二〇一一年六月十七日

CONTENTS

・我們可以非常接近・

神奇的愛情策略 018
……光靠說話就能贏得異性的好感？
傾聽與眼神 024
……說話時該直視對方的眼睛嗎？
以結婚為前提來交往 029
……「以結婚為前提來交往」可能是女人的一種悲劇？
男人不該問的問題 033
……該對男人供出昔日戀情嗎？
為什麼沒有安全感 036
……有自信的人不一定擁有安全感？
渾身上下都是地雷的人 043
……如何判斷自己有沒有安全感？
愛上大胸女 047
……男人只愛大胸部的女人？
到底是誰的錯 052
……為什麼女人習慣把錯往身上攬？

紅豆餅的感覺　056
……男人與女人總是雞同鴨講？
在咖啡店大哭的女人　062
……莫名其妙生氣時，怎麼辦？
咖啡與茶的微妙戰爭　067
……付出一定要獲得回饋嗎？
為什麼別的女人總有男人為她做牛做馬　070
……如何讓對方心甘情願地做牛做馬？

・愛只是一種感覺・

內在伴侶　076
……為什麼總被同一類型男人所吸引？
年長男就比較成熟嗎　080
……年紀較長的男人就比較成熟嗎？
愛上年長男　085
……男人最適合結婚的年齡是四十歲？
愛上不優男　089
……為什麼愛上條件比自己差很多的男人？

愛上超優男　093
……需要改變自己以求討好男友的父母嗎？
愛上花心男　097
……對花心男毫無抵抗力？
愛上大男人　104
……缺乏父愛的女人，容易迷戀大男人？
愛上小男人　106
……強勢大女人愛上弱勢小男人？
愛上失婚男　110
……母親的個性，讓女兒無意識中選擇了辛苦的情路？
愛上癡狂男　114
……什麼是掌控欲，什麼是愛？
愛上疑心男　117
……為什麼女人上心靈成長課程，男人會緊張？
調教系男人　120
……什麼樣的男人酷愛當女人的心靈導師？
沒電視機的男人　124
……為什麼女人習慣把男人想得很可憐呢？

・分手也要快樂・

典型的怨偶組合 128
……妳和他注定成為怨偶，而且永遠分不開？
分手時該說實話嗎 133
……為什麼分手時總會說出很瞎的話？
愛情復仇者 137
……誰想成為愛情復仇者？
餵毒式的溫柔 146
……分手之後能不能繼續當朋友？
比得兔的故事 150
……老是沉溺於無法挽回的關係？
挺身而出當壞人 154
……不願意成為壞人，就無法順利分手？
先發制人的愛情遊戲 158
……明明很愛對方，卻先甩掉對方？
女人不該只是一碗牛肉麵 161
……死守糟糕的關係是最浪費生命的事？

・相愛是緣分，相處是智慧・

保持個體距離　166
……只想跟對方徹底融合，有錯嗎？
事與願違的真相　168
……越想讓婚姻完美，越容易嫁給不理想的男人？
我只是在服務　171
……想當大女人又想當小女人，造成婚姻問題？
忙著打蟑螂不如把家掃乾淨　175
……為什麼老公外遇時，太太總是指責小三？
妳真的沒有那麼偉大　180
……女人習慣將婚姻的錯誤歸咎於自己？
反正我就是爛人　184
……外遇的老公都不想修補夫妻關係嗎？
以德報怨的悲劇　187
……夫妻之間需要適時地表達憤怒？

面子最重要 191
……婚姻越糟越容易離婚嗎？
複製父母的失敗經驗 196
……童年陰影會影響婚姻嗎？
來自暴力家庭的小孩 202
……來自暴力家庭的孩子，無法學習情緒管理？
當爸爸外遇離家 205
……老爸外遇離家時，對女兒的影響比兒子還大？
斷腳椅 210
……離婚之後，不該阻止媽媽探視小孩？
婆媳問題中的男人角色 213
……婆媳問題往往來自親子問題？
無論如何都要談戀愛 216
……小孩想談戀愛，父母擋得住嗎？

我們可以
非常接近

卸下心防，除去盔甲，

這是我和你最接近的瞬間，

也是最令人感到自在的片刻，

放聲哭泣、放肆大笑、放心傾訴、放鬆聆聽……

然後，我們便重新擁有了繼續前行的力量。

神奇的愛情策略

……光靠說話就能贏得異性的好感？

情場得意的人多半熟諳以下秘訣：博得異性好感的必殺技，就是做一面魔鏡：一面可以讓人照出理想自我的魔鏡。

想帥的人照這面魔鏡，會看到自己真的很帥。想偉大的人照，會看到自己超級偉大。如果是受委屈的人照，魔鏡還會為他惜惜，或是打抱不平呢！

成為一面好魔鏡，首先必須用心傾聽，觀察別人心中的理想自我。簡單地說，就是「他希望別人怎麼看他」。瞭解之後，必須誠懇地針對那個理想形象來反應，讓人覺得只要跟這個魔鏡般的人相處，理想的自己就會出現，而且能被看到、被接納。人們通常認為這才是真正的自己，於是便產生一種「世上只有你最懂我」的知遇之情。

三句話見真章

雖然女人大多不喜歡自己的男人上酒店，但我們無法否認——不少男性認為那兒的女生具有某種讓人愉快的能力。有位在這個領域人氣很旺的妹妹告訴我，她和她的同事擁有一種「特異功能」，她們能在短短的三句交談之內，猜出眼前的男人最想聽和最不想聽的話，然後不斷地「投其所好」，在最短的時間內讓男人印象深刻。如果真有其事，的確非常厲害，我想很多人一輩子都做不到。

入門版——定時打電話

這位妹妹說，她有幾招駕馭男人的秘訣，第一步就是定時打電話給男人，讓他產生「家」的感覺。

不管男人多麼忙碌，只要時間一到，她就會讓他聽見她的聲音，讓男人有種「穩定」感，提供男人在外衝刺事業的能量基礎。

她認為女性在交男朋友的時候，不要心血來潮就打電話給對方，而是要養成定時打電話的習慣，讓男友和自己之間形成一種巧妙的「連結」。

不過，這個方法算是「入門招」，只有在剛開始交往的時候才能這麼做，如果一直只用這一招，時間久了，男友反而會因為太習慣而忘了妳的存在。

進階版——欲擒故縱

當兩人的感情持續增溫時，就需要加入進階版的心思。剛開始交往時，著重定時打電話，如果發覺對方已經產生「習慣性的期待」之後，就不要再定時打電話，而是偶爾失蹤一下，讓他因為接不到電話而感到空虛。這種欲擒故縱的方式，容易引起男人的注意，進而緊緊掌握男人的心。

不過，前提當然是他的確喜歡妳、對妳已有好感，這方法才會奏效。

另外，許多人都不明白，為什麼某些女性可以讓男人不斷地為她掏出錢來呢？這位妹妹說，同樣要靠欲擒故縱的方法。例如：需要男人掏腰包時，先說自己身世很慘之類的故事，當對方開口問：「妳需要我幫忙嗎？」她卻故意講反話：「不用啦，我跟你還不熟，怎麼可以讓你幫忙呢？」

一直講到最後，當男人已經下定決心要幫忙，連錢都準備好的時候，她卻突然消失，使得男人忍不住猜想：難道是她不好意思接受我的幫忙？還是有什麼難言之隱？如此百思不得其解時，他的心防逐步瓦解，由衷地掛念這個女孩。過了一、兩個禮拜，當這位妹妹再次打電話時，男人就很可能毫不猶豫地幫忙到底。

善用夜晚的最佳時機

她的最後一招是「半夜打電話」。

「男人容易在午夜時分失去理性，因為半夜裡男人容易聯想到性，也想跟女人親近，所以容易接納此時出現的女人。」

她的話讓我驚訝，這種觀察的確符合人類的心理呢！這種心態可能來自原始記憶，是胎兒在母親體內時，被女性的溫暖包圍的感覺。嬰兒待在母親的子宮裡，處於一個完全黑暗的環境，但卻是非常有安全感的世界。在他出生開始面對光明的時刻，也開始面對各種殘酷的現實。白天，男人要求自己要打拚、要勇敢，不能軟弱、不期待溫柔。當夜晚來臨，一個人獨處的時候，精神狀態跟心智狀態都不自覺地退行到初始的世界，彷彿被召喚回歸自然似的，讓男人對女性的溫柔有著深切的期待。

所以利用夜深人靜的時機，頻頻獻上關懷，確實會讓男人受用不盡。不得不說這位妹妹真的非常瞭解男人的心理。她所分享的這些愛情策略，效果未必是百分之百，但是有機會時不妨試試看，也許會有意想不到的成效呢！

傾聽與眼神

……說話時該直視對方的眼睛嗎？

我與美人姐在說話方面有一個極為相像的共通點，也有一個完全相反的差異處。我們的共通點在於傾聽，差異處則在於眼神。

「說」得越少越好，「聽」得越多越好

一般人常以為一位優秀的主持人必須很會說話，最好是妙語如珠，說得越多越好。其實美人姐的想法並非如此，她告訴我，要成為一位好的主持人，話

應該說得越少越好，而「傾聽」才是越多越好。

據說美人姐在電視圈剛出道時，常有打岔、插話的情形，所以吃了不少苦頭，但是後來她發現了如何用同理心去傾聽的秘訣，之後她便開竅了。許多被她訪問過的人都說，不知為何上美人姐的節目時，什麼都會說出來，連本來深深藏在心裡的東西也會流露出來！美人姐說，主持人少說話，來賓就可以多講話，如此一來就可以借力使力，讓來賓有更大的發揮空間，表現出比原始腳本更豐富的內容。

我覺得心理醫師也需要具備這種少說多傾聽的能力。面對個案的時候，心理治療師應該聽得多，說得少，盡量避免指導的態度，希望能培養出跟主持節目類似的結果，讓個案暢所欲言，充分被瞭解，因為心理治療並不是上課，也不該把治療師自己的想法灌進個案的腦袋。

面對各種人，我發現如果要讓男性個案坦承內心的情感，比女性個案困難。男人經常堅稱他只有工作壓力，個人部分他什麼都懂，完全沒有問題。如果治療師嘗試反駁，只會像敲蚌殼一樣，讓他越關越緊；但如果耐心傾聽，努力去理解為什麼他只願意談工作，蚌殼還是會漸漸打開的。過了這個關卡，才能看到內心真正的情感。

改變直視習慣，讓男人的心防瓦解

美人姐認為跟別人說話的時候，眼睛絕對要「直視」著對方的眼睛，至少百分之八十的時間要看著對方，而且絕對不能用斜眼看人。她認為直視著對方眼睛的舉止可以充分表現出誠意，因為對方可以從眼神得知我們現在的心情。此外，直視對方也代表自己擁有無比的自信心。

我非常認同美人姐的想法，但如果是在兩性互動中，為了創造浪漫吸引力時，就需要修改一下。很少有男人受得了被女人用百分之八十的時間直視！我的意思是，說話的時候，當然必須誠懇地直視對方，但千萬不要咄咄逼人地持續盯著對方看。偶爾把眼神移開，往下飄一點或自然地看看周遭，讓男人有一點放鬆調整的空間，有益於創造溫暖舒服的談話氣氛，也比較讓人待得住，比較能化解戒心。

為什麼視線往下，可以降低男人的戒心呢？因為當男人在觀察對方，而面前的女性卻稍微移開視線時，男人會得到一種「主控權在我」的安全感，此時如果女性再輔以微笑、輕語和身體姿態，表露友好和認同，彼此之間的防禦就會慢慢瓦解，好感度可以大大地提高。

那麼，所謂「友好的身體姿態」又是什麼呢？

有份法國的研究報告指出，女人只要稍微碰觸男性手臂約兩到三秒，就有百分之三十三的男性會主動向她搭訕，顯示女人使用短暫、非語言的交流方式，可以讓自己更有魅力，更受歡迎。

想嘗試看看嗎？別忘了——所有的人際秘訣，都必須以真誠的心意為基礎才能奏效。如果只是操弄技巧，缺乏想為對方付出關懷的心意，就算暫時能呼風喚雨，最後還是無法維持真正的感情喔！

以結婚為前提來交往

……「以結婚為前提來交往」可能是女人的一種悲劇？

我不太喜歡「以結婚為前提來交往」的做法，我認為那是一種陳腐的計畫，甚至可能是一種悲劇。

只重視婚姻的硬體，難免會走向悲劇

原本以為這種觀念早已絕跡，但最近卻聽到一些七年級的女生把「以結婚為前提來交往」掛在嘴上。她們說，在交往之前，會先提出挑選老公的條件，諸如：月薪有多少？配股有多少？任職的公司有沒有前景？……確定以上條件符合後，就開始以結婚為前提來交往。不過如果有人問她：「這男人的個性怎麼樣？」、「他跟妳互動怎麼樣？」她卻只能用無辜的表情回答：「我不知道耶！」

「以結婚為前提來交往」的女人每天都在計算婚姻這個外殼，結婚以後，她們就像住進自己精心挑選的房子一樣，起初會覺得一切都很好。如果跟她們說這種婚姻會行不通，她們反而覺得這種看法很奇怪。

其實無論男人或是女人，很多人都不知道自己到底想要什麼，一旦採取「以結婚為前提來交往」的態度，一談戀愛就急著想結婚，很多事情都會被忽略。

先問清楚自己要什麼，才不會賠上婚姻

在親密關係中，「以結婚為前提來交往」很可能變成一種有害的思維。如果還不瞭解自己真正想要的是什麼，就倉卒地選擇對方，接著硬把兩人綁在一起生活，最後可能會變成只剩下「不離婚」或「互不干涉」的空洞婚姻。長久下去，兩人的關係多半無以為繼。

「以結婚為前提來交往」還有另一重意思：如果不會很快結婚，就分開，不要浪費時間。我認為人與人成為伴侶，彼此需要理解和改變的地方一定很多，是一件浩大的工程。如果以強烈的目的性來交往，一種情況是太早放棄有潛力的對象——也就是如果給予更大的耐心和努力，兩人最終是可以配合的，但卻因為急著達到結婚的目的，沒有嘗試足夠就放棄了！另一種情況是，因為太急著結婚，只挑選外在條件，結果就跟心靈不相通的人步入了禮堂。缺乏實際深入的交往，如何確知這個人能與自己走在同樣的人生方向上呢？沒有認識

到一定的程度之前，就走入婚姻，未知性實在太大。除非運氣非常非常的好，像中樂透那麼好，未來還是少不了要從頭磨合，那麼何不在婚前一切都比較容易的時候，先不要預設目標，慢慢地、細心地交往，再作決定呢？

男人不該問的問題

……該對男人供出昔日戀情嗎？

在兩人一開始甜蜜蜜交往的時候，有的男人喜歡問女友：「妳為何會選我，而沒有選擇另一個男人？」

或者是拋出一些敏感的問題：

「在我之前，妳交過幾個男朋友？」

「你們為什麼分手？」

儘管這是不該問的問題，但是大部分的女人往往會很誠懇地認真回答，然後讓雙方都陷入了尷尬的局面。

誠實不等於誠意

有些時候，女人的心理其實很矛盾，她們明明對男人提出的問題有所猶豫，但是因為珍惜這段愛情，所以不願意說謊。這是因為她們打從心底希望自己的一切都能夠被對方所接納，認為誠實是一種「真實」，因而選擇一五一十地全盤托出。

如果女人運氣好，在一陣尷尬之後，也許事情就此雲淡風輕，頂多在心裡留下似有若無的疙瘩。但是，如果遇上的是沒有安全感的男友，女人將自己的過往戀情完全攤在陽光下，反而會把對方嚇跑。

面對這些不知該不該如實回答的問題，我認為，現在交往對象的感覺，遠比歷史真相更重要；在開口之前，必須考慮怎麼說對方會比較舒服。請大家不要卡在說謊或不說謊的觀點上，對於這種事，最重要的是：在身體和思考上，都不要再和以前的男友牽扯不清！如果能做到這一點，為了尊重現任男友而選擇遺忘或淡化以前的戀情，其實是一種往前走的誠意，比堅持要說「前男友就是很好，我就是刻骨銘心地愛他」更有誠意吧！

為什麼沒有安全感

……有自信的人不一定擁有安全感？

美國的《心理學展望》雜誌刊登過一篇與安全感有關的研究。文章中提到，安全感與合群、戀愛及人際互動息息相關。如果缺少安全感，就無法和人好好相處，與家人之間的互動也會有障礙，當然，談戀愛也會受挫。

反觀，有安全感的人，在生命中的每個階段都可以具有比較強的適應力，而且在整體的人際關係互動上，也是屬於較優勢的一方。

自信與安全感差很大

「安全感」與「自信」是否可以畫上等號呢？

在我看來，答案是否定的，因為安全感並不等於自信，甚至可以說這兩者之間的差異很大。

安全感是一種很玄的東西，因為感覺層面是很難完全理解的，「覺得自己有」跟「真的有」其實是兩回事。有的人覺得自己很有安全感，可是表現出來的卻都是一些沒有安全感的行為。所以想要真正瞭解自己是否擁有充分的安全感，需要深入的分析與探索。

安全感與自信的最大差異是：一個具有自信的人，會堅持自己的做法，相信「我所做的事情最終會呈現對的結果」。而安全感比較像是「就算我做錯了也沒關係，總會有人出手幫忙，總會有辦法收拾殘局的！」

由此可知，自信與安全感完全是不一樣的部分，有時候，我們必須先擁有安全感，才能產生自信。

反過來看，有自信的人就一定有安全感嗎？那倒不一定，缺少安全感的自信，只能說是一種假性的自信，這樣的人常認為外界充滿挑戰，他必須非常強悍才能橫掃千軍、擊潰所有對手。

安全感是所有關係的基礎

安全感包括「接近、分離、重聚」三個部分的功能，這是所有人際關係中的原型。

「接近」時需要安全感，讓我們不害怕與人建立關係。「分離」與「重聚」時也需要安全感，讓我們可以容忍自己在乎的人暫時離開、然後再重聚的過程。

我們不可能和某個人一天二十四小時都黏在一起，這個世界上也不可能有一個人可以永遠讓我們滿意，因此，安全感是所有人際關係的基礎。不具備這種能力的人，沒有辦法經歷接近、分離，然後再重聚的階段，一旦與他人的關係中出現一點不對勁，就承受不了，不是一直逼迫別人就是失望地切斷關係。

為了讓大家更瞭解安全感，我提供一個簡單的「大人版安全感測驗」。

Q：在與別人的相處過程中，妳相信別人與妳的互動是善意居多，還是別有用心居多？

如果妳覺得別人的善意較多，大體算是比較有安全感的人，比較容易與人親近。

從平常偏好的服裝顏色上，其實也可以初步檢視自己有沒有安全感。一般而言，缺少安全感的人較喜歡穿黑色衣服，尤其是職場女性。許多女人一旦察覺自己沒有安全感，例如當天要見的人或要做的事非常重要、挑戰性很高，令她感到焦慮、擔心自己的能力時，便自然而然地想穿黑色的衣服。

妳覺得別人討厭妳嗎？

我聽過一個故事：某天，女生Ａ送給朋友Ｂ一雙好鞋，朋友Ｂ收下鞋之後，卻對自己的男友說：

「拜託，Ａ送我那雙鞋，好臭屁喔！她以為我很喜歡嗎？你知道她有多差勁嗎？她有夠自大！」

這些話輾轉傳到了Ａ的耳中，她感到非常傷心，從此還影響了她交朋友的態度。

Ａ所感受到的傷害，固然是因為Ｂ的行為，但也與她自己的安全感有關。在Ｂ向男朋友抱怨的時候，或許只是想向他討愛，因而藉由貶低Ａ來抬高自己。Ａ只是一個棋子，在Ｂ跟男友的對話當中，完全沒有思考Ａ會不會受到傷害，只是一心想著要如何獲得自己想要的利益。

說這個故事，其實是想要問問大家：「妳認為別人有必要害妳嗎？」、「覺得別人會討厭妳、攻擊妳嗎？」對於基本安全感足夠的人而言，會覺得這種行為和自己沒有關係，就算發生，也只是正好被朋友當成棋子罷了。或許這件事情的確讓人不太高興，但是安全感會讓人相信，對方並非衝著自己來的，所以也不需要太在意。

渾身上下都是地雷的人

……如何判斷自己有沒有安全感？

以前，人們常說要找另一半的話，一定要找個有肩膀、有責任感的人。但是時代不同了，現在我們還要額外附加一個新條件：安全感。

對於一個沒有安全感的人，可以用「全身上下都是地雷」來形容。很少人有辦法跟這種人相處，因為每天都可能會得罪他，隨時都必須戰戰兢兢地擔心自己踩到了地雷。而一旦不小心誤觸了地雷，也不知道自己到底是為什麼被炸死的。

我們到底要怎麼判斷自己有沒有安全感呢？

提供大家兩個小測驗，來檢視一下吧！

安全感測驗一：
妳的安全感是否完整？

Q：假設妳有位知心好友，因為個人因素而有一段時間沒和妳聯絡了，就算妳主動約她，她也總是說自己沒空。過了幾個月之後，當她打電話找妳見面談心時，妳會欣然接受她的邀約嗎？妳是否還能保有從前的那種熟悉感？還是妳已經覺得陌生，或感覺到不開心？

在回答這個問題的時候，如果妳的心裡已經浮現出某位朋友的身影，正是反映了妳和這個朋友之間的安全感連接。

同理，也可以試著以這個問題來檢測妳周圍十個重要的人，例如：兄弟姐妹、父母親、同學等等。如果對於這十個重要的人，妳都不願欣然接受他們久別之後的邀約，妳的安全感可能並不完整。

擁有完整安全感的人，可以接受「每個人都有自己的事情，所以不會把注意力一直放在我身上」的概念。即使是家人和好友，我們也必須容忍他們偶爾會消失不見，偶爾會忽略我們，偶爾會粗心犯錯，偶爾會講錯一句話而傷害到我們。但是等到他們再度出現，把注意力放在我們身上的時候，我們是否還能敞開雙臂來擁抱對方，這就是安全感是否能持續的重要因素。

安全感測驗二：妳是否缺少安全感？

Q：如果妳有一段需要維繫、不能隨便放棄的關係，那麼在對方面前，妳可以自在地表達自己內心真正的感受嗎？尤其是，妳可以讓對方知道妳不滿的情緒嗎？

如果妳的答案是否定的，也代表安全感不足。

很多人會擔心自己若表達出不滿、生氣或是厭惡的負面情緒，對方就會不愛自己、不再喜歡自己，以致將這些情緒壓抑在內心。所以從外在的言行舉止看起來，有些人太過小心、客客氣氣的，但卻有種見外的感覺，其實是沒有安全感的人。

最後，「害人之心不可有，防人之心不可無」，我們不能只是一味地增強自己的安全感，另一方面，也需要加強人際判斷的智慧，越會判斷人心的意圖與善惡，安全感也會自然提高的。

愛上大胸女

……男人只愛大胸部的女人？

女人大概都想知道這個問題的答案：男人只愛大胸部的女人嗎？

渴望母親的生命力

一般人可能覺得，喜歡大胸部的男人是很膚淺的，但從心理學上來看，這並不無道理。在典型的精神分析理論中提到，女人的胸部會讓男人回憶起母親的乳房，那是充滿生命力，帶有餵養、富足的意涵，是一種非常充沛的大地能量、生命能量與自然能量，讓人類永遠心嚮往之。

在男性的心理發展階段中，需要經過大家熟悉的「伊底帕斯」階段。所謂「伊底帕斯」階段，就是男性在成熟的過程中，必須放棄獨占母親的妄想，瞭解到母親並不是屬於他一個人的，母親和父親有很親密的關係，還有其他的小孩，這時候男性被迫離開和母親完美連結的烏托邦，離開占有式的連結；甚至在姐妹還可以跟媽媽一起洗澡的時候，男孩就已經被教導不能跟母親裸裎相對。所以，這是男人在成長的過程中，比女性在關係和情感上更加斷裂的部分，因此許多男人在嚮往追求異性時，會投射出失落的夢想。

大胸部帶給人安全感

許多人認為大胸部能給人安全感，那是因為大胸部會讓人覺得自己彷彿回到了嬰兒時期。當我們還是嬰兒的時候，眼睛很小，所以不管媽媽的胸部是大還是小，都會覺得它滿大的吧！而且在剛出生的時候，正是我們形成潛意識的原始階段，因此無論男女，只要看到大胸部的女人，都會覺得自己好像回到了媽媽的懷抱。

不知道大家有沒有發現，大胸部的女人在和別人來往的時候，通常還滿放鬆的，不會講太多話。在一個男性主導的社會中，如果男性都喜歡大胸部，那麼擁有大胸部的女人，並不需要說太多話來爭取異性的注意力，在這樣安全、放鬆、互信的關係下，很容易形成一種良性循環，而大胸部女人的舉手投足也會更女性化。

大胸女人的煩惱

我看過許多胸部宏偉的女人，外表非常聰明、善於言辭，可惜的是，她們的外在條件往往會讓人忽視她們腦袋裡的真材實料。

我認識一位「胸大有腦」的朋友，當她每次要去談生意或是進行交涉的時候，就會刻意遮掩自己的胸部，希望別人不會因為她的胸部，而模糊了談判的焦點。

胸小的女人也有吸引人的特質

大胸部的女人容易成為目光的焦點，那麼胸部比較小的女人該怎麼辦呢？關於這點，小胸女並不用太過擔心，因為在成長過程中，胸部較小的女性自然而然會去開發其他吸引別人注意力的特質，例如：在言語上學得更靈巧、更善解人意，或是舌鋒更銳利，這些都可以帶給別人耳目一新的感覺。

「女為悅己者容」不見得能得到真愛

女性的化妝年齡逐年下降，許多高中女生都已學會化妝，而女人出門的時候，往往也都會把自己打扮得很漂亮，該墊的墊、該露的露……許多女性更是將「沒有醜女人，只有懶女人」這句名言奉為圭臬。

我常常想，如果每個女人都花很多心思在打扮上，會不會形成一種惡性競爭呢？這個惡性競爭的背後隱藏了一個問號：「我把自己打扮得那麼漂亮，到底是為了什麼？是擁有好人緣，還是得到更多的愛呢？」

一旦女人發現自己認真地打扮，只是吸引到一些在意自己的某些外在條件，並不在乎「自己究竟是誰」的男人時，真的能得到貨真價實的愛嗎？這也是值得大家深思的課題。

到底是誰的錯

……為什麼女人習慣把錯往身上攬？

許多在挫折中走不出來的人，是因為抱持著「人性本惡」的想法：當他們遭遇到一些不好的事情、失去了一些東西，或是感到受挫的時候，總是習慣性地先責怪別人。

在他們的腦海裡，常常一味地存著「他怎麼可以這樣對待我?!」的念頭，抱怨爸爸這個不好、媽媽那個不好，都是老闆無能、同事無情……陷入了「誰不對」的迴圈當中，轉不出來。而這種負面思考到最後，也只會造成自己的「無望感」，因為別人是不會改變的。

我認識一位與丈夫長年失和的妻子，她經常向我訴苦說，她的先生對她如何的不好。因此，我問她：「妳可以做些什麼，來改善這種關係嗎？」

她回答說自己沒有什麼要做的，她覺得是她的丈夫需要接受輔導，但是她丈夫不可能會來看心理醫生，所以她的問題經年累月下來都積壓在那裡，永遠無法解決。

在我輔導這類個案中最大的困難是，當事人一直想著是別人對自己不好，所以自己才會不快樂、做事不順心，但是別人也不是自己可以控制改變的，所以始終無法從挫折中走出來。

每個人都有他做事的理由，當我們受到別人的傷害，或和別人相處時備感挫折，光是去想別人對自己很壞，情況並不會變好，對於改善彼此的關係，也是沒有任何幫助的。

因此，面對這些問題時，我們必須認真去思考：該怎樣有效地抵擋傷害，來保護自己才好？並且積極地尋求更多的資源來解決問題。

我曾經遇到另一個案例，有位妻子和丈夫之間的溝通出了很大的問題，她感到很苦惱，因而向我尋求協助。

我建議她可以從改善她和丈夫的對話方式做起，甚至幫她擬好了一集「甜言蜜語的對話腳本」。

但是，下次她再來找我時，我發現那份腳本並沒有派上用場，她不甘心地說：「明明是我先生的錯，為什麼我還要說一些好聽的話，讓他覺得好受呢？」

可想而知，這種「都是別人的錯，我很虧！」的想法，正是造成她的婚姻不順遂的原因。

我認為人活在世上必須有個能力，就是每當負面或挫折的事情發生時，一定要知道，別人或許有責任，我自己也有責任。但是，面對這些挫折時，如果把問題全部歸咎於自己，自己一定會承受不了！如果把全部問題歸於別人，自己也會怨天尤人，無法突破困境。

遇到難題時，不妨先想自己可以改變什麼？別人可以改變什麼？不要一味地認為人都是好的或都是壞的，這世上並沒有「人性本善」和「人性本惡」的二分法，保持平衡的看法，才能克服生命中的各種挫折和挑戰。

紅豆餅的感覺

……男人與女人總是雞同鴨講？

在某家百貨公司的美食街裡，有位母親為看來大約兩、三歲的小女孩買了一個紅豆餅，這位媽媽問小女孩：「紅豆餅給妳什麼感覺？」小女孩童稚地說：「軟軟的感覺！」媽媽說：「應該是幸福的感覺啦！」

像這樣的對話，或許比較會出現在母親和女兒之間。如果是對兒子，媽媽很少這麼說吧？難怪女性和男性所關注的層面不同了，試想小女孩長大、結婚後，和丈夫去買紅豆餅，她可能想與老公分享紅豆餅的幸福感，可是做丈夫的多半只知道紅豆餅一個二十元。

當理性與感性雞同鴨講

有人說女人是感性思考、男人是理性思考的動物，因此女人講的話，男人常常就是聽不懂。

某天，女人對她的男人說：「你從來都沒帶我出去玩。」

在這句話中，男人聽到的重點是「出去」這件事，這是整句話中最不帶有情緒性的字眼。

由於男人的腦海中直接想到的是「事件」而非感覺，所以他便針對「出去」這兩個字做出反應，開始檢查自己的行事曆。「我們上一次出去是什麼時候？嗯～是上禮拜……」「妳不要誇張了！怎麼可能從來沒帶妳出去！」他完全沒聽懂女人用「都」和「從來」這兩個字眼，是想要強調一種強烈的感受，不是真的在算次數。這是男人所無法理解的部分。

再舉個例子，女人告訴情人：「我累了，不想做這件事了。」

女人的關鍵字是「累」，這是整句話中最具情緒性的字眼，可是卻容易被男人給忽略，他認為「事」才是關鍵字，所以他會回應：「事情沒人做，為什麼不叫我做？」、「為什麼妳不少做一點？」、「妳為什麼不讓別人幫忙？」或者「妳總是把標準定得太高，才會抱怨事情做不完。」

其實女人不是擔心自己「做太多事」，只是希望得到男人的一句輕聲安慰：「我知道妳累了。」無奈的是，大部分的男人都自動忽略女人情緒性的暗示。

這可能也和男人從小受到的教養方式有關，因為當初媽媽在教導兒子的時候就是這樣，媽媽會希望他能夠有效地解決問題。但是媽媽在教導女兒的時候，卻是告訴她：「妳要懂得撒嬌啊！」

由於男人和女人自小的語言訓練有差，思考和表達方式自然也就大不同，因此男女之間要和睦相處，溝通的技巧就更為重要了。

為什麼男人不願意跟女人談感覺？

女人重視「感覺」，常常把「我只是在分享我的感覺罷了」掛在嘴上。但是，「感覺」這東西可是會對男性造成莫大的壓力，因為對男人而言，「感覺」就是意味著「連結」。

在男人的成長過程中，他的男性認同就是來自於「切斷連結」。

小時候，女生會跟媽媽手牽著手、穿母女裝，但是男生從小就被教導「你要開始脫離媽媽，像個小男人」。因此，若想讓自己像個小男人，絕對不是跑去跟爸爸手牽手、穿父子裝，而是敢於自己昂首闊步地走在路上。

男性的成長課題是「切斷連結」，這會讓他們覺得自己是個大人。

在婚姻的道路上，一開始，男人原本是想當一位「英雄」，如英雄般地追求女人，把喜愛的女人娶回家。誰知結婚之後，女人卻想要當「媽媽」，整天嘮叨、抱怨不休，這會讓男人覺得他又被吸回到童年切斷的連結之中。

男性內心多半有一種潛藏的恐懼，生怕自己被吸回母性的控制之中。通常做母親的在兒子結婚後就會放手了，此時要是妻子升格為他的另一個「母親」，容易使男人想要逃跑，逃得遠的可能會變成女人最擔心的外遇問題；一般男人或許會轉而投入於工作之中，甚至在內心築起一道無形的高牆。因此，當女人發現這些警訊時，就需要調整一下自己溝通的方法了。

在咖啡店大哭的女人

……莫名其妙生氣時，怎麼辦？

有個女生走進擁擠的咖啡店想喝杯咖啡，她發現角落有個空位，就把身上的大衣脫下來占位子，然後去排隊點東西。

可是當她回來的時候，發現有一群男人坐在她剛才占好的空位上，正高興地吃著東西。於是她立刻說：「對不起，我剛剛已經占了這個位子。」男人們說：「妳人又不在這裡啊！」她不悅地回道：「我的大衣在這裡！被你們推到旁邊了！」

對方接著說了一句：「今天客人這麼多，妳要位子就要人來坐啊！不能用衣服占位子！」這下子讓這個女生忍不住抓狂了，她一屁股坐下來，大喊：

「我就是要坐在這裡！」接著，她一不小心，竟然把手上的咖啡打翻了！但現在為了占位置，她無法再去櫃台點一杯咖啡，就只能尷尬地坐在那裡，陷入進退兩難的場面，頓時她感到羞愧又憤怒，因此大哭了起來。

一般人看到這種情形，可能會覺得這個女生小題大作，或是有毛病吧？可是我卻覺得站在她的立場，這真是足以讓人心痛，大哭也是可以理解的！

每個人都有一個生氣的引爆點，在生氣的情緒底下潛藏著一些複雜的感受，不要說是旁人，就連當事人也不一定瞭解自己在氣什麼。

我們不妨試著想想，這個女生覺得生氣又受傷的心情是怎麼回事呢？

其他人都有朋友可以幫忙占位子，而她卻只有一個人，又沒有分身去點咖啡，人生真是不公平，環視咖啡店裡所有的人都有人作伴，只有我是一個人，為什麼我這麼孤單呢？

萬一這件事勾起了她被男友劈腿或拋棄的記憶……想想自己到了這把年紀

還是「魚干女」，好不容易打扮得漂漂亮亮出來，居然被陌生人羞辱了一番，真是慘……

越想越覺得自卑，為了掩飾這種感覺，所以刻意壯大聲勢，結果卻不小心把咖啡給弄翻了，讓自己陷入更狼狽不堪的局面……

換成是妳，是不是也想大哭呢？

面對這樣的情緒，需要「情緒管理」。莫名其妙快被情緒淹沒的時候，不妨嘗試以下三個步驟：

1. 評估當下的環境

先靜下心來想想，今天讓我生氣的這些人，真的值得我生氣嗎？我跟他們的生命有交集嗎？他們的看法需要在意嗎？

先評量「人」之後，再評量「時間」與「地點」。問問自己：在這裡生氣會不會損失更多？（例如「在眾人面前丟臉」）還是真的可以得到我想要的東西呢？

不知道自己為什麼生氣時，一定要冷靜下來，仔細地觀察四周的人、事、地、物，並且思考一下，什麼事情該做，什麼事情不該做。

2. 解讀他人的行為動機

其次，請想想，那些讓你感到生氣的人，他們的行為動機是什麼？以這個故事為例，那些占了位子的男人，難道是想要告訴這個女生，她沒有朋友很可恥嗎？還是她工作這麼忙，居然只能喝咖啡、沒正餐吃，覺得這女生很可憐嗎？

當然不是！他們只是剛好坐在那裡喝咖啡而已。

3. 鎖定自己真正想要達成的目標

如果那個女生只想一個人好好喝一杯咖啡的話，其實應該要去小一點的咖啡店。此時，她的內心已經很受傷了，如果再跟別人產生衝突，只會讓她的內心感到更受傷、更寂寞。若是她覺得不甘心，也可以適時地向咖啡店的店員提出抗議，而不是自顧自地生悶氣。

其實，生氣是一件很單純的事情，很多時候，它只是一種表面上的「次級情緒」，在生氣的情緒底下，往往隱藏有很多意義，像是恐慌、害怕、難過、孤單，或是寂寞的感覺。因此，下次當你為某些事情感到生氣時，請用心去察覺它背後的真實情緒，才不會被負面情緒所控制、影響。

咖啡與茶的微妙戰爭

……付出一定要獲得回饋嗎？

有對夫妻的關係是這樣的：每天早晨，老婆會固定端上早餐，老公就坐在餐桌前邊吃早餐邊看報紙。而這位老公打從結婚以來，就不曾走進廚房問太太一句：「今天早餐吃什麼？」也就是說，這對夫妻的角色互動模式早已定型，老婆就是負責打點早餐，而老公則是等著被伺候。

當這種關係一旦形成之後，老公還是必須提供一些適時的回應給老婆，例如每次老婆把早餐準備好時，他可以跟老婆說一聲：「妳做的早餐真棒！」

否則，一旦老婆開始覺得自己的付出並未獲得相對的回饋時，她在潛意識裡就會有一些抗拒的行為出現。

有一對夫妻為了咖啡與茶的事爭執不休。這位老公平常習慣星期一喝咖啡，星期二喝奶茶，老婆也一直如此準備。某天，老公忽然不想在星期二喝奶茶而想改喝咖啡，但老婆還是堅持要準備奶茶。老公非常生氣，認為老婆簡直是不可理喻！然而，瞭解心理的人才會知道，這位老婆的堅持透露了一種意涵：「我知道你想喝咖啡，但我偏偏要讓你喝奶茶。我可以每天煮三餐伺候你，但不表示你想改就可以改！我還有一點主權！」

難道老婆沒有聽到老公想喝咖啡的訊息嗎？當然有！她只是想測試老公，看他會不會乖乖把奶茶喝下去？這已經不是道理的問題，而是感覺的問題了。

當老婆出現抗拒行為，老公會不會也比照辦理呢？

也許下次老婆端出咖啡時，老公就會突然吼一聲：「為什麼我不能有一天喝豆漿？」

這兩人對於自己慣常扮演的角色，已經出現了抗拒與不滿的情緒。

老婆心中曾經有許多不滿：「你為什麼從來不問我想要喝什麼？」

老公也是：「為什麼妳一定要我跟妳說謝謝呢？」

當奶茶與咖啡的事件無法被妥善解決，女人往往自行歸納出一個結論：「老公不愛我了」，然後夫妻間的戰火便由此點燃。

其實，這件事情有個癥結在於「可以付出，但要被感謝、被尊重」，不管老婆端出來的是奶茶、咖啡還是豆漿，老公都應該說聲感謝才是。

千萬不要小看這句小小的感謝，這句感謝可代表了一種回饋，一旦女人感覺付出無法獲得回饋時，反抗心和想要惡整男人的欲望就會越來越強烈，最後男人吃進肚子的是什麼就很難說囉！

為什麼別的女人總有男人為她做牛做馬

……如何讓對方心甘情願地做牛做馬？

男人是一種任務導向型的生物，當他的「任務」是幫女人解決問題時，他們多半會很努力，這裡便出現一種微妙的狀況：許多很敢要求的女人，懂得適時派遣任務給男人，結果就得到男人心甘情願地為她做牛做馬的機會。但大部分的女人都處在「為什麼我越客氣，男人就越不做事？」的困惑當中。

不過，我必須承認以上的說法是一種理想情況，很少人能在現實生活中這麼圓滿地達成，因為男女之間的溝通存在著極大的落差。

當「感覺」導向遇上「任務」導向

女人的溝通方式比較重感覺，希望男人體會她的感覺，只要有個男人能夠體會她內心的想法，女人什麼都願意做。

可惜的是，男人比較不習慣和女人談感覺，他希望女人所交辦的任務要有清楚的指標與目的，最好要讓他有成就感。一方是「感覺」導向，一方是「任務」導向，所以女人交代給男人的任務指標經常不清不楚，男人總是想問：「叫我做這個我也做了，那個我也做了，妳到底還在嫌我什麼呢？」

就算女人學會如何表達清楚的任務指標，男人也願意接受，竭盡所能地把任務確實做好，雙方磨合漸入佳境……這時還有一種障礙：女人總是期待兩人一起完成任務的感覺，但男人卻無法察覺這種期待，他希望自己能夠獨立把事情做好。

當男女之間的溝通一再失敗，女人往往會選擇接受這種狀況，尤其在有了小孩之後，沒有太多時間花在爭執上，與其跟男人溝通，還不如自己來比較快。

放棄與男人溝通之後，女人有時會發現男人沒有做到的那些事還滿花心力的，但這時兩人之間已經不知如何溝通了。而男人發現老婆不再對自己有所期待之後，就更容易在心態上退化為小孩，更加逃避家中的任務。

彼此尊重，互相體諒

如果妳不希望男人逃避妳所交辦的任務，試著接受這個觀念：「要做就不要唸，要唸就不要做。」有時已經順手解決掉男人該做的事，卻忍不住順口把他唸了一頓，這樣不但沒有讓自己省到力，還會傷害對方的自尊心，他會認為妳看不起他，不相信他可以完成這項任務。

想要經營好感情與婚姻，一定要懂得適時分工，讓另一半有表現的機會。只要要求的任務夠清楚、夠明確、夠即時，同時可滿足他的成就感與英雄主義，即使再困難的任務，當肩負正向的期待時，男人就會願意完成的。

當然了，男人如果願意適時滿足女人的感覺，哪怕是關注、在乎或語言的安慰都好，絕對不會吃虧的，因為女人會無怨無悔地付出更多感情。

愛只是一種感覺

愛是什麼？

愛是妳原本只奢望一抹微笑，

他卻送妳一個大大的擁抱！

愛是由心出發的體貼與理解，

是由衷的自在和安全感。

愛是分享，

更是讓人幸福、歡愉的一種感覺……

內在伴侶

……為什麼總被同一類型男人所吸引？

無論在現實世界中有沒有合意的伴侶，人的內心深處總有一個「內在伴侶」。對許多女人而言，她們可能在兩、三歲的時候，心態上就已經跟這個「內在伴侶」結婚了！

在女人的成長過程中，心裡經常會思索，將來要嫁給什麼樣的人？她們每年都會為自己內在伴侶增添一些「功能」，所以當她們二十幾歲的時候，內在伴侶已經被想像為一個完美的男人，各方面配備都相當齊全。

由於內心早就存在一個伴侶，在擇偶時，其實是不斷地尋找一個最像「內在伴侶」的男人，但是，大部分的女人很難找到一個跟「內在伴侶」完全一樣的男人，實際情況應該是找尋一位與「內在伴侶」最接近、沒有令人無法忍受的缺點的男人。

每個女人對於「內在伴侶」的認知不同。有些女人經過良好的自我分析，知道自己要找的是什麼樣的伴侶。可是，大部分的人用來辨識內在伴侶的指標並不精確，也許原本設定的內在伴侶是一個永遠不會背叛自己的男人，但這樣的男人在哪裡呢？她可能誤以為個性剛毅木訥、沒有女人緣的男人就是不會背叛的男人，便以此為指標來擇偶，結果嫁給一個木訥的男人。沒想到某天有個女孩對這個從未得到青睞的男人放電，他感到異常雀躍，居然就跟別人跑了。女人錯愕不已，卻不明白自己尋偶的指標有了誤差。

為了找到符合期待的伴侶，必須學會修正指標。此外，世上不可能有個男人完全符合一個女人的「內在伴侶」，有時也需要列出優先次序，尋找最貼近指標的伴侶就好。如果過分堅持要百分之百符合內在伴侶的形象，永遠也無法開始經營真實的親密關係。

若選擇伴侶的指標一再錯誤，將會變成一種慣性，久了就以為自己只能跟這種人在一起，但卻不是很滿意。這時候也需要徹底反省，改變追尋的目標。

最重要的是，如果遇到有誠意和自己共度一生的人，不要老是拿內在伴侶的形象套在對方身上，一個幻想中的人和一個真實牽手的人，哪一個比較值得珍惜呢？

年長男就比較成熟嗎

……年紀較長的男人就比較成熟嗎？

如果妳問我：「什麼樣的男人可以稱得上成熟？」我會說，溝通能力好的男人就算是成熟的男人。但是溝通能力的好壞又要如何判斷呢？有個參考指標：「能把自己的情緒非常精準地讓對方瞭解的男人，就是一位溝通能力好的成熟男人！」

成熟男人的必要能力

我認為一個成熟的男人，必須具備三個必要的能力：

1. 準確表達自己的情緒

如果有個男人，他能夠非常精準地表達喜、怒、哀、樂等各種情緒，而且還是用女人絕對聽得懂的語言來表達，他就是一位溝通能力還不錯的男人。說得再深入一點，一個溝通能力成熟的男人，瞭解自己的情緒，也能幫助別人瞭解他，不會讓人費心猜測「他怎麼了？」「他生氣了，是惱羞成怒還是不安的生氣？或是吃醋的生氣？」如果有機會跟這種男人相處，多半會感到如魚得水，非常的愉快！

反之，一個溝通能力不成熟的男人，他所能使用的辭彙不會太多，分類能力也堪慮，他的情緒表達方式就像一個小嬰孩，當小嬰孩看到媽媽回家很高興會哭，肚子餓了也是哭，無論任何情緒都是哭，所以身為他的伴侶，必須經常去猜測：他現在的情緒是什麼？有時猜對了他還會否認，兩人相處起來十分痛苦。

2. 有獨立生活的能力

一個成熟的男人，必須有自己打理生活的能力。我曾見過一些女性朋友的伴侶很缺乏生活方面的自主能力，不管是聯絡水電行工人到家裡修水電，或是去銀行繳費付信用卡帳單……這類生活瑣事，都需要太太代勞。身為他們的另一半，一定要能夠吃苦耐勞才行。

3. 有和人親密分享的意願及能力

在獨立生活之外，有和人親密分享的意願及能力，這點很重要。有些男人無法接受別人進入他的個人領域，也無法和家人分享工作上的種種，使得他們的另一半永遠像是被隔絕在厚重的城牆之外，不得其門而入。

成熟的男人會讓女人更女人

如果一個男人在情緒方面可以很清楚的掌握，才可能是真正的成熟。跟真正的成熟男人相處，會讓女人擁有無比的安全感與成就感，覺得自己是個女人，甚至覺得自己好棒！許多女性注重心靈溝通，喜歡安慰人與幫助人，如果一個男人溝通能力很好，女人就容易瞭解他的需求，容易協助他，偷偷在心裡想著：「那頭野獸，讓我摸兩下就好了！」

另外，當一個男人陳述事情時，或是當兩人之間有誤解的時候，看看這個男人有沒有辦法換一種妳聽得懂的方式來說明，如果他能夠做到，這也代表他的溝通能力很棒！跟這樣的男人在一起，女人也會覺得自己很棒！

用不當的方式表達情緒，無助兩性關係發展

有些男人會用不講話來表達自己的情緒，有些男人則是用激烈地發飆、動

手動腳、摔東西來表達情緒，這些都是相當不好的溝通方式，因為這種男人根本不打算讓女人靠近，也不想跟女人溝通。所以，男人的內心如果不敞開來跟女人產生連結，兩人的關係也許永遠都沒有機會發展得成熟！

最後，我想提出一個大家常問的問題：「是不是年紀較長的男人就會比較成熟、善於溝通呢？」答案絕對是「不」！年齡與成熟並不能畫上等號，年紀大而內心卻無比幼稚的人其實還滿多的！

愛上年長男

……男人最適合結婚的年齡是四十歲？

許多愛上年長男的女人，其實是將自己對於父親的感覺移情到愛人身上，希望能找到一位同時具備「爸爸」與「丈夫」特質的男人，因為這樣的男人可以在她的生活中一手包辦所有的男性角色。

不分年紀都愛年長男

許多二十幾歲的年輕小女生，喜歡跟年紀比較大的男人交往，主要原因就是這個男人可以帶領她通往更廣大的世界。

想想看，二十幾歲是女性才剛踏入社會的年齡，如果跟一位年紀較大的男人交往，光是他知道的餐廳就比自己多太多了！約會時他還會專車接送、買單，甚至幫女友挑衣服，建議她穿什麼衣服最有魅力。女孩在他們面前既可以奔放做自己，也可以很有女人味。

那麼，到了三十歲、四十歲的熟女，還會不會選擇跟比自己年齡大的男人交往呢？我想還是會，不過，此時的心態已經與年輕時大異其趣了。

對於熟女而言，和年長的男人在一起比較有安全感，更不會覺得自己年紀「老」。此外，通常到了這種年齡的男人有點像老頑童，在一起非常好玩，這也讓女人感到有成就感。

重新體驗青春

從男人的角度來看，為什麼他們會和年紀比自己小的女人交往呢？多半是想從青春女孩的活力中，讓自己有種「重新年輕一次」的感覺。或者，想藉此彌補一些過往的遺憾，例如：他們經歷過一場很糟糕的婚姻，或是工作忙到沒時間交女朋友，因而錯過了戀愛的機會。

另外，年輕女孩會讓年長的男人覺得自己很有魅力的原因之一，是他發現自己的選擇權突然變多了！年輕的女人喜歡他，年長的女人也喜歡他，似乎只要是女人都會喜歡他，他因此感到飄飄然。

不過，與年長的男人交往還是存在著兩個風險。首先，很多男人上了年紀之後就會變得固執、不可愛，許多人還認為他們身上會有怪味，成了標準的「臭男人」。另一個風險是，萬一他們存在著彌補感情失落的心態或是讓青春捲土重來的期待，對女人的期待反而會更大，婚後的期待又會比婚前更高。

從事婚姻諮商很長一段時間，我經常會有一種突發奇想，總覺得最適合結婚的年齡是三十五歲之後的女人，與過了四十歲的男人。因為過了這個年齡的男女，才會真正懂得婚姻的真諦，婚姻也比較能維持長久。但是，這樣的想法也面臨了極大的考驗，光是在「生小孩」這件事情上就有著極大的局限性。

喜歡年輕女生的男人，內心往往有希望青春捲土重來的欲望。但是，不要以為男人一定都喜歡青春肉體，很多男人還是會選擇心靈相通、思考上可以溝通的成熟女人。

愛上不優男

……為什麼愛上條件比自己差很多的男人？

我們常在報紙上看到這樣的新聞：有個男人不務正業又欠了很多債，他的女友不但休學幫他還債，還為了他離家出走，讓父母十分傷心，因而報警處理……

為什麼有些女人會愛上這些欠下債務、居無定所、性格上無法依靠，只要和他在一起，人生就無法發展前進的「不優男」，甚至愛到無法脫身的地步呢？

當女人遇上不優男時，通常會有點丟臉的感覺，雖然心知肚明，自己的條件遠遠比男人優秀太多，還是會故意忽略這個事實，尤其被父母批評的時候更是明顯。

這時，來自母親的反對通常比父親更嚴重。當母親認為這個男人配不上自己女兒的時候，她的羞辱感會立即湧上心頭，覺得面子掛不住。

女人也知道這個男人配不上自己，但是一旦母親出面唱衰這段感情時，女人的內心深處就會開始反彈，想要證明給媽媽看，其實這個男人一點問題都沒有；她會盲目地忽略男人的所有缺點，即使是原本就知道的缺點，也會視而不見。

這樣的叛逆心態，或許來自於童年的幻想。如果以童話故事來比喻，女孩常幻想媽媽就像是一位嚴厲的壞皇后，而她則是一個被困在城堡裡的公主，內心盼望著某天會出現一位王子來拯救她。當公主被拯救之後，她將成為一位人見人愛的皇后，而她的男人是有力量的國王，她將擁有屬於自己的王國，再也不會被可怕的壞皇后所控制。

活在童年陰影的女人&壞脾氣的女人

在感情路上，如果只遇過一次不優男，女人或許還可以摸摸鼻子，怨嘆自己運氣不好。然而，如果一直都遇上這類型男人，代表「愛上不優男」，已經成了她們的固定愛情模式。

仔細追溯一下她們的成長過程或許會發現，也許小時候，她們曾經失去過一位非常重要的人，或者被她很重視的人所忽略，而那個人也許正是她的父母。

雖然童年曾經受到過情感上的創傷，她們仍然裝作若無其事，一直沒有去正視那道存留在心中的傷口。這個童年經驗也造成她對自己的評價感低落，對於愛缺乏自信。因此，她們經常聽見內心深處有個聲音在數落自己：「妳並不值得好好被愛，如果妳不努力付出，就無法被愛！」

除了童年曾經受到創傷、沒有處理好傷口的女人會愛上不優男之外，脾氣比較任性的女人，也容易愛上這樣的男人。

許多脾氣較任性的女人發現，找個比自己稍微弱勢一點的不優男，會讓自己有安全感，心想：「我條件這麼好，都願意跟你在一起了，不管再怎麼樣，你也要哄我讓我吧？」這些女性知道自己情緒爆發時，沒有人可以阻擋得了。基於這樣的自我認知，她們認為條件好、個性強勢的男人不會喜歡自己，也不需要容忍自己的壞脾氣，於是無意中選擇了條件不好的男人，這些男人往往因為受到女人在某些方面的照顧，也只好忍受她的情緒。

不過，這種做法其實是不切實際的。想想看，為了一個可以容忍自己壞脾氣的男人，反而犧牲其他條件優秀的對象，到底值不值得呢？與其如此，還不如學會控制自己的脾氣，去尋找一個更好、更適合的對象。

愛上超優男

……需要改變自己以求討好男友的父母嗎？

當女人和條件比自己優秀極多的男人交往時，也可能會引來他人側目的眼光：

「這麼棒的男人怎麼會和她在一起？她又不怎麼樣！」

這種來自外界的異樣眼光往往會讓她們產生自卑感，因此，她們會特意將自己打扮得光鮮亮麗，並且努力加強自己的各方面條件。

超優男的正向動力

每個女人的內心都有一個想要不斷進步的自我，當女人的身邊出現一位比自己優秀許多的超優男時，在不知不覺中，就會激發她想要改變自我的動力與決心，期許自己要比以前更好。

另外還有一種情況也會誘發女人努力成長，那就是「被嫌棄」。當自己因為條件比男友差，而遭到男友的家人嫌棄時，有的女人不會就此卻步，反而想要讓自己更進步，更努力地提升自我。

「如果他的父母不喜歡我，我是否要改變自己去討好他們，努力取得他們的認同呢？」

這又是一個難有定論的問題。擁有如此強大的野心與動力，願意為男友的家人改變自己，一路往上爬升的女人，到底是幸或不幸呢？

在「非關命運」節目中，有位女性來賓就讓我印象深刻，她本身原本有很好的工作，但為了討好男友，只好去唸碩士，還繼續出國深造；然而，當她出國唸博士時，男友還是被其他女人搶走了，實在令人扼腕！

兩個原本不相干的男女之所以會走在一起，是因為互相欣賞、互相接納，這是維繫感情很重要的基礎；如果兩人在一起只像賽跑一樣，不斷比較彼此的條件好壞，互相競爭，就很難維持一段穩固親密的關係。

伴侶之間能夠互相砥礪，一起前進當然是很好的，但它應該是一種正向的動力，而不該變成消耗彼此能量的壓力！

愛上花心男

……對花心男毫無抵抗力？

愛上花心男來證明自我

「花心男」這三個字在大部分女人心中等同於「危險」，但很多女人還是無法抗拒花心男的魅力。因為花心男很會說話，又懂得運用肢體小動作，讓女人感到貼心，覺得自己像是公主一樣地被對待。

誰最容易愛上花心男？

答案是：相信自己非常特別、過分追求刺激的女人。有些是從小自尊心很強、從未受過太大挫折的女人，有些反而是從小挫折太多，習慣活在夢裡自我安慰的女性；只要心中過度相信自己與一般人「不同」，就很容易身不由己地被花心男吸引。「如果能跟他定下來，就證明我和其他女人果然不一樣！」

從小生活波瀾起伏，但仍能以某種獨特方式存活下來的女人，可能因為想要出口氣、賭一把的念頭，將心力投注於花心男身上，藉此證明自我的能耐。明明知道危險，還是奮不顧身地去愛，讓自己深陷危險與痛苦。

和花心男在一起，會激發女人的「比較」心理。所謂的花心男，身後永遠有其他女人的影子，如果女人缺乏足夠的自信，不知道自己值得如何被對待，她會藉由與花心男友背後的其他女人比較，試圖確認自己的位置，要是看起來自己擁有某些獨特的地位，便能產生自信的錯覺。

這些女性面對「正常」的男人時，也就是背後沒有其他女人身影的男人，反而無法經由與其他的女人比較來確認自己的位置，她們無法享受這種單一穩定的存在，結果對於一般人眼中不花心的「好男人」，始終覺得不夠刺激、興趣缺缺。

花心反而帶來終極安全感

有時，花心男也代表了「最後保證」，因為女人會這麼安慰自己：「如果這段戀情失敗，是因為他本來就很花心，不是我做錯了什麼。」這種心態非常微妙，原本女人避之唯恐不及的花心男，居然可以為沒有自信的女人帶來安全感。

花心是種慣性

許多自詡為「花心男終結者」的女人，只要遇上花心男就會躍躍欲試，而她們與花心男之間的愛情，也有可能會修成正果。

我經常被讀者問到一個問題：到底是婚前花過的男人好？還是從來沒有花過的男人好？

事實上，花心男婚後不一定會轉型成為居家好男人，因此不要以為在婚前花心或已經玩夠了的男人，婚後就會變得比較安定。花心是一種慣性，有些男人的心一旦打開了，就會一直想要填補那個感情的空洞。

壞男人的魅力

有種壞男人，就像電影００７裡的男主角詹姆士龐德，具有「自戀、越界、操控人心」等種種黑暗性格。

這些壞男人通常都很自戀，不管他們本身的條件如何，帥不帥、有沒有錢、是否有社會地位……這些都不重要，因為他們認為自己深具魅力，因此，他們也很敢向女人提出要求，而不會感到心虛！

跨越界線的男人味

壞男人通常具備「越界」的本領，很敢超過界線。在他們心裡始終存在著一種奇妙的信念：「所謂道德，是給別人遵守、讓我來超越的規矩。」雖然這種觀念看似離經叛道，卻能吸引到一些女性，她們覺得敢於破壞世俗規範的壞男人，正是有男人味的表現！

壞男人也擅長操控人心，例如他們會請女人來家裡幫忙打掃、燙衣服，讓她有種自己很重要，像是家人一般的錯覺，然後用一些詭異的方法來補償她，像是帶女人去試車、挑家具，表面上兩人看似親近，但他們卻不會給予任何承諾。

若即若離的慣用手法

壞男人壞歸壞，卻能吸引不少女人，他們慣於和女人保持若即若離的關係，具有「極品意識」的女人常會愛上這種男人。

自認是極品的女性，往往具備了兩種認知：一、平凡可靠的男生沒有挑戰性。二、如果沒有心痛的感覺，就不是真愛。

壞男人沒有辦法每天固定和一個女人膩在一起，那將耗費他大量的愛，所以他把這些愛分割成一份一份，每隔一段時間餵養給女人，然後消失一段時間；等到下次女人覺得自己快要不行了，對他的期待值降到最低點的時候，他再有如天神降臨般出現，繼續施捨一點愛，接著飄然離去。

由於女人一直被壞男人控制在一種想吃又吃不飽的半飢餓狀態，使她忘記人性對於愛的高層次要求，退回到動物本能的層次，只要得到一點立即的愛和回應，就心滿意足。

雖然看在他人的眼裡，女人所分到的愛少得可憐，但是她卻如獲至寶，每次男人只要有所行動，都會令她狂喜不已。

對於有些女性而言，跟好男人在一起固然安全，然而生活卻是平淡無奇；和壞男人在一起，日子則豐富得多，就算兩人只是短暫交往，也覺得心甘情願。

也因此，當她們回憶起曾經在生命當中片刻擁有的壞男人時，仍然認為跟他在一起的時光，是生命中最燦爛的時刻；即使後來察覺到情人的真面目，她仍不悔走過，珍愛著這一生中最難忘的回憶！

愛上大男人

……缺乏父愛的女人，容易迷戀大男人？

有個女孩說，她特別喜歡典型有男人味的男人，例如軍人、警察、消防員，只要看著他們穿著一身制服，指揮大局，即使在完全不知對方的個性和想法的情況之下，也很容易就愛上對方。

但是，真正交往之後，才發現兩人無法溝通，無法互相瞭解，因此感情也就無法順利走下去，一次次的失敗戀情讓她感到相當困惑。

原來，這個女孩在她七、八歲的時候，父親就長年不在家，這使得她的內心非常渴望一個鮮明的男性形象，當作父親的投射。長大之後，她也只想從事女性化的工作，雖然做了很多工作，最後還是選擇了「空姐」這個讓她覺得最女性化的行業。

以上這些經歷，其實都和她的人格發展有關。

對於剛出生的嬰兒來說，第一個接觸到的人是母親，但是他們很快就會知道，這世界除了母親之外，還有一位父親。父親和孩子的關係，與母親截然不同。母親最早是用非語言的方式與孩子溝通，例如：餵食、把屎把尿，可是父親沒有辦法用這種方式與孩子接觸，因此孩子通常與母親比較親近，加上父親常常因為工作不在家，和孩子的關係也就容易變得疏遠。

在一個人的人格發展中，父親、母親的角色同樣重要，如果缺少和一方的接觸互動，都屬於角色不平衡，一旦女人在兩性相處時落入了極端角色，就會有一種迷戀的心理產生，因而盲目、衝動地愛上象徵著父親形象，看起來很MAN的大男人。

由於這類型女人的出發點不是真正的認識對方，兩人隨著時間增長慢慢培養出感情，很自然地，戀情也就容易失敗。

愛上小男人

……強勢大女人愛上弱勢小男人？

有朋友問我：「為什麼有那麼多女強人會挑弱勢的小男人來當老公呢？」原本我對這問題並不以為意，因為朋友口中的「多數」，或許只是偶發個案。然而，經過一段時間的觀察，我發現這種現象在當今社會非常普遍，甚至比我想像中還多，這讓我開始認真思考這種現象背後的因素。

對於一個經常需要與人爭鬥的女強人而言，小男人的無敵魅力就是「溫柔」。在他面前可以放鬆，不需要像服侍大老闆那樣。和一個能讓女人完全主導的男人在一起，可以一起玩，或是幫助他、帶領他，女人終於感覺有個新的

世界，可以逃脫傳統的性別架構。

基本上這應該是一件好事。但是，能夠享受這種關係的女人，必須懂得內心的平衡。

大女人的反撲

某些強勢的大女人，會在與小男人相處一段時間後突然從天堂掉進地獄，開始埋怨她的男人什麼事都要仰賴她處理，覺得另一半沒有主見或是無能。

如果希望兩人還能夠繼續在一起，女人就必須改變心態，降低原來的標準。例如：很多事情自己做也許五分鐘就可以做好，但誘導另一半去做，可能需要花五十分鐘，這種時候，獨立的大女人習慣自己跳出來把事情解決，但內心卻同時湧出勞累自憐、對另一半憤怒、輕視的情緒。如果能換個角度想，放手讓男人用他的方法去做事，不要加以評價，兩人的關係才能夠更和諧。

沒有一個男人願意自己在女人的眼中是無能的，也不會希望永遠被女人看不起，如果女人什麼事都攬在自己身上，男人沒有學習的機會和發揮的空間，當女人越覺得小男人無能時，男人的心也將越飄越遠。

愛上失婚男

……母親的個性，讓女兒無意識中選擇了辛苦的情路？

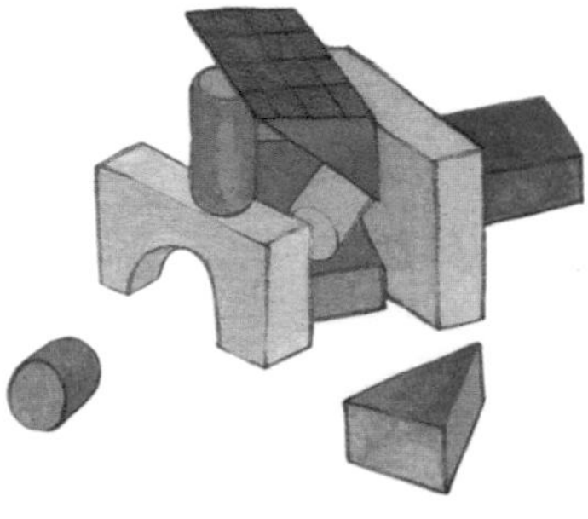

有位母親氣急敗壞地帶著女兒去找心理醫生，由於女兒不想看，醫生也不勉強，他還是試著安撫媽媽，想要瞭解原因所在。

從她們的對話之中，醫生才知道，女兒愛上了一個離過婚的男人，母親因此堅決反對他們在一起，甚至懷疑女兒一定是哪裡出了問題，才會愛上那種男人。

這件事情也讓我思考，現在社會的離婚率這麼高，遇到離過婚的男人，並不是什麼大驚小怪的事。

也許這位母親的出發點是為女兒好，擔心她嫁過去會吃苦受罪，但是，我想強調：離過婚的男人並不見得都有問題。有的只是當年與前妻個性合不來，協議分手而已。需要讓媽媽擔心的失婚男，應該是某種離婚多次，而且每次都有家暴、外遇紀錄，或可怕個性問題的男人。

被壓抑的母性在失婚男身上找到補償

奇妙的是，愛上這種ＮＧ失婚男的女生，常常有個強勢的母親。當媽媽們抓狂地大叫：「妳瞎了眼才會愛上這種男人！」時，不妨想想自己是否常以嚴厲的方式管教女兒？導致女兒從小就習慣「別人的意見才是意見」，她們內心深處存在著一種感覺：「我是微不足道而沒有權利的」。

總之，這些女孩以前屈服於父母的權威，現在也不覺得為男人受委屈有什麼不對。

過度強勢的母親可能過度壓抑女兒與生俱來的「母性」，結果女兒更渴望在戀愛中證明自己有愛人的能力。失婚男特別容易激發女人內心這種澎湃奔流的母性。

小女孩潛意識中都曾幻想自己成為妻子、媽媽等擁有母性與權力的角色，如果老是意識到母親的威權，甚至一再受到母親的貶損、指責，女孩會因為挫折而壓抑自己也想成為母親的幻想。

長大之後，儘管和一般女性一樣期待被男人關愛呵護，但內心卻像受到詛咒般，無法朝理想的方向前進，無法跟理想的男人發展關係。當她面臨感情的抉擇關卡時，常不自覺地選擇讓眾人意外的對象，例如離過多次婚、有孩子的男人。

對這些女性而言，跟失婚男談戀愛，像是登上已經設好背景與道具的舞台，可以立刻展演她無處發展的母性。至於往後的辛苦和考驗，她們心裡也清楚，但對於這個脫離父母掌控、獨當一面的冒險機會，她們再也不允許母親插手或反對了。

這時，強勢的母親如果還是想規範女兒，往往適得其反，使女兒更快奔向對方，有時她們甚至會選擇比母親更年長的對象。面對這樣的發展，典型的情境是：母親痛罵女兒一頓，甚至甩她一巴掌說：「這個男人配我都嫌老，怎麼配得上妳！」或是威脅女兒：「妳出去了就不要再回來！」結果，感到自己已沒有後路的女兒，即便心裡仍有猶豫，也只能破釜沉舟，跳進與這個男人的生活。

如果母親願意說：「媽媽永遠在這裡，這裡還是妳的家，不管妳在外面發生什麼事情，我都會在家裡等妳。」或是：「當妳需要的時候，我就在這裡。」試著站在幫助女兒而不是打壓的角度來處理面對，也許事情會有意想不到的轉圜空間！

愛上癡狂男

……什麼是掌控欲，什麼是愛？

男人追求女人時，如果女人表示：「我還不確定……讓我考慮一下再決定要不要跟你交往。」有些男人會繼續開朗地相處，等待下一次表態的時機；有些會悻悻然地走遠；有些卻會發動更強力的攻勢，彷彿鎖定獵物一般，讓人無法逃脫。我還聽過男人非常強勢的對不想跟他交往的女孩說：「妳根本搞不清楚自己需要什麼！我就是能帶給妳幸福的人！」

通常這種沒耐心又強勢的男人不太容易獲得女人的青睞，在戀情才剛開始萌芽的時候就已經如此主導了，如果繼續下去，誰能受得了呢？

當雙方的關係發展成情人以後，這類男性大多會成為掌控欲很強的男人。

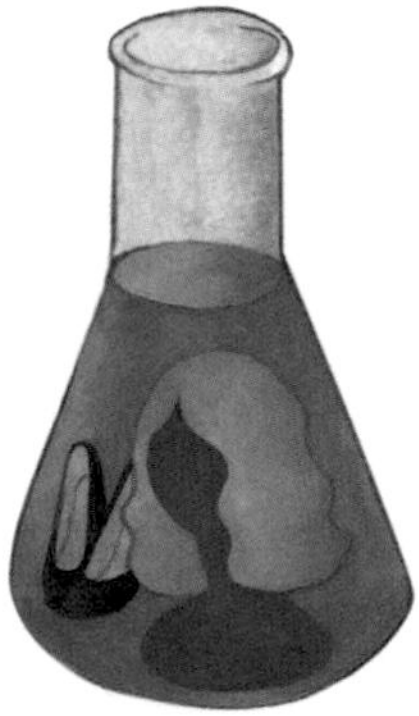

可是，偏偏也有些女性不以為意，願意跟這種沒耐性、掌控欲又強的男人交往。

沒有安全感才會想掌控一切

掌控欲強的男人，心裡隱然有種不安全感，只有好好盯著情人才能夠安心，他需要時時刻刻都看到情人，隨時隨地掌握她的行蹤。

通常這種控制欲很強的男人，來自於一個童年不太穩定的家庭，父母親從小就為他設下了重重限制，並不鼓勵他放手自己去做，從父母的身上，他也感受不到充分的愛。

這樣的成長經驗使他長大之後，會藉由掌控，來讓自己擁有被愛所包圍的感覺，如此一來才可以讓他獲得安全感與存在感。

喜歡掌控女人的男人並非對人不好，通常也不會虧待情人，只不過他必須小心翼翼地緊盯著情人，就怕情人有太多的自主性，甚至離開。

被掌控並不見得是被愛到癡狂

女人愛上掌控欲強的男人，可能從一開始就是個誤會。因為當男人開始展現他的掌控欲望時，女人經常會產生一種錯覺，以為這種掌控是男人愛她愛到癡狂的表現！

自以為活在電影情節中，認為對方強烈的情感代表他受到自己強烈的吸引。「都拒絕他了，他還來找我，表示他真的很愛我，他的眼裡只有想要我這件事……」卻忘了這也可能代表他不尊重女人的表態和選擇。

我們需要學習區分掌控與愛，如果混淆了掌控與愛，可能成為掌控者的籠中鳥。在正常的感情中，需要適度的自主與空間。瘋狂追求的男人，不一定是真命天子。

愛上疑心男

……為什麼女人上心靈成長課程，男人會緊張？

人之所以會有疑心病，大部分是因為想要證明自己的位置很穩固。這種心態，來自於被拋棄的恐懼。當一個人被拋棄的時候，感覺自己不存在於任何人的世界中，無所依存，沒有任何重量與位置。疑心病的源頭往往是為了爭取存在感。

在一般人的刻板印象中，習慣把女人跟「疑神疑鬼」畫上等號，我的看法卻有所不同，其實男人也很容易疑神疑鬼，而且男人的疑心病，甚至比女人更嚴重。許多男人只要察覺到女人開心或不開心與他不相關，他就會產生不安、恐懼，陷入疑心病的無限迴圈中。

男人是很敏感的生物

別以為男人是不懂感覺的生物，其實男人的敏感度是很高的。有個男人說：「我女友有別人了。」問他如何得知，他說：「我沒有逗她，她卻開心地笑了起來；我沒有惹她生氣，她卻莫名其妙地哭了起來……」當一個男人發覺女友的情緒起伏都與他無關，就會知道一定有別的人事物吸引著對方。在這種能力上，男人一點都不輸給女人。

另外還有一種情況也會誘發男人的疑心病——當他的情人忽然變得很上進，開始去學一些新的東西，或是開始對一些從來沒接觸過的事情表現得特別熱中。他會認為突然讓情人改變的事情，一定是那種可以把她的心打開、帶向更好未來的事，而如果那件事的背後存在著「另一個人」，那個人也許就是自己未來的情敵。

正因如此，我常發現女生上心靈成長課程時，男友就會特別緊張，有時甚

至偷偷地尾隨而來，或者緊張地打電話詢問：「我的女友在那邊有沒有跟別人來往？有沒有認識比較特別的朋友？」

如果有這樣的男友，的確頗令人困擾，不過，我還是建議女性朋友們要試著去學習諒解男人的疑心病，這可能是來自於他對情人的瞭解。一般而言，女人習慣用成長來獲得愛情，為了討好自己喜歡的人或者想往上尋找條件更好的對象時，女人會選擇讓自己成長，期許自己比過去更成熟、條件更好。看來，男人的疑心病並非全無道理。

調教系男人

⋯⋯什麼樣的男人酷愛當女人的心靈導師？

偏執男每天都忙著制定規則

有些男人對於和別人維持親密感有種不安的恐懼，他沒有辦法把自己交出去，害怕控制不住別人，擔心自己有一天會被人背叛、傷害，因而會在感情中設下許多規則。

這種偏執的男人就算娶到的是個賢慧的女人，也會在意妻子有沒有照他的方式來伺候他，有沒有照他的方式穿衣服。對他而言，並不在乎「妳愛不愛我？我愛不愛妳？」之類的問題，只在乎「妳做錯事的時候，我一定要導正妳」，於是每天都忙著制定、修正規則。

其實，當他們這樣做的時候，內心正在逃避不知如何經營親密關係的焦慮。

調教系男人不喜歡有主見的女人

很多男人都喜歡調教女人，因為這麼做可以幫助他們獲得成就感，我稱這類男性為「調教系男人」。調教系男人會去尋找像黏土一樣可塑性高的女人來交往，在交往過程中，他喜歡改變女人的造型，教導女人在人際關係上如何應對，甚至為女人開書單，告訴她該看些什麼書。

這種男人成日都沉浸在調教女人的幻想中，酷愛為女人開示、傳授人生哲學。調教系男人不喜歡女性有主見，因為有主見的女人就不像黏土，無法讓他自由塑型、揉出自己幻想的模樣。

調教系男人就算到了四、五十歲，也會想跟十七、八歲的妹妹交往，因為

這種年紀的妹妹最容易「受教」。

一旦發現了對方是這種男人，通常一般女性不會有興趣繼續和他們交往下去，但有種女人有種很強的鞭策自己成長的欲望，覺得和這類型男人在一起，可以學到很多新的東西，等於上了免費的成長課程。

她們的內心覺得男人就像是個學習跳板，對男人有一種依賴感。由於在男人面前，自己永遠是個學生，因此她們很容易就會自我矮化，最後淪為不受尊重，直到有天她們的獨立思考被男人打壓了，才會離開。

伴侶是用來互相扶持的，女人如果有想要完成的目標，最好還是用自己的方法去達成。如果以為找個比自己厲害的男人就能幫助自己成長，很容易陷入被調教的噩夢之中。

沒電視機的男人

……為什麼女人習慣把男人想得很可憐呢？

我們曾在節目上做過一個小小的心理測驗：當一個男人告訴妳，他家沒有電視機，妳會有什麼樣的想法與反應呢？

很有趣的是，參與這個測驗的女性來賓中，有許多女人把這句話解讀成「這個男人很可憐」，她想買一台電視機送給對方。有這種傾向的來賓，後來都說出自己有過為對方犧牲而得不到回報的心痛愛情。

其實，這個沒有電視的男人可能只是把錢拿去別的地方用，並不是真的買不起，這個測驗主要說明了人的投射心理。

所謂「投射」，是人會把自己內心的幻想投注在對方身上，聽到這裡覺得男人很可憐的女人，內心往往有種可憐的、需要他人照顧的形象。

每個人心裡都有一個發射機，我們的成長過程，也會影響我們所投射出來的事物。我曾在兩性關係的演講中提到一句話：「在愛情中折磨你的人，有你沒有的東西。」例如，在童年時有強大失去東西的擔憂的女人，可能會發展出一種害怕失去的心態，這種心裡感覺會投射在她認為重要的人和事情上。因此，只要看到男人的臉上出現失落的表情，就會想要盡力去滿足他。但是，這種弱點很容易就被男人所看穿利用，請特別小心喔！

分手
也要快樂

與過去的不幸分手，才能和現在的幸福相聚；
與現在的不快分手，才有機會看見未來的快樂。
誰說分手一定是痛苦的呢？
剛好，藉此向舊的自己道別，
重新愛上新的自己。

典型的怨偶組合

……妳和他注定成為怨偶，而且永遠分不開？

研究個案的時候，經常遇到怨偶的議題：「哪一種男女組合，注定會成為怨偶，而且永遠分不開？」

雖然這個問題沒有確定的結論，我們還是從諸多個案中整理出一些原則：當「情緒捲入型」的女人遇上「情緒逃避型」的男人時，如果不努力覺察，牽手成長，他們很容易成為怨偶，而且不容易分開。

什麼是「情緒捲入型」的女人？

愛情是一種「依附」關係。心理學家鮑比（John Bowlby）提出了「依附理論」，將人與人連結的習慣區分為幾種類型，我們可藉此瞭解伴侶之間如何因為「個性的差異」而形成不同的「關係模式」。

不同的人會由不同的成長經驗中，發展出獨特的依附模式。在各種分型中，最常出現人際困擾的，稱為「情緒捲入型」。

這一型的人非常在意別人的情緒，總覺得自己需要為別人的喜怒哀樂負責。如果女人屬於這一型，幾乎總在察言觀色，甚至會到讓人窒息的程度。例如：偶爾發現男友或老公心思不在自己身上，就非常擔心地逼問男人：「你到底愛不愛我？」、「你今天講話語氣怪怪的耶？」、「你是不是有心事？」、「你是不是不想跟我在一起了？」這是情緒捲入型的女人常做的事。

成長過程中，這一型女性對人際關係常感到不確定，她的父母可能情緒不太穩定，有時對孩子親近、有時卻充滿憤怒，於是她們被迫學習善解人意，必須學會對大人察言觀色，才不會遭殃。如此不知不覺地養成了敏感的個性。她們打從心裡相信，如果自己疏忽了別人的情緒，一定會遭到拋棄或處罰，或是有不好的事情發生。

情緒捲入型的女人長大之後，和任何人相處時，還是習慣讓自己的情感捲入，不停地觀察和追問，試圖確認身邊重要關係人的情緒。如果不這麼做，就覺得自己被孤單地遺棄，一刻都難以忍受。

這樣的女人，如果遇到一個同樣敏感而善解人意的男人，不就可以過著幸福快樂的日子了嗎？

可惜事情往往不會如此。正因為情緒捲入型的女人太在乎情緒，如果她遇上一位跟自己一樣的「情緒捲入型男人」，兩人幾乎是無法相處的。

道理很簡單：兩個人產生的情緒總量太多了，誰都受不了！本來自己的情緒就已經消化不完，怎麼有辦法再消化另一個人的情緒呢？

所以情緒捲入型的女人通常不會和情緒捲入型的男人交往太久，因為同型的男人會將她童年的惡夢一一喚回，使她異常痛苦，所以她最後多半選擇個性穩定、木訥，甚至情緒壓抑的男人，也就是情緒逃避型的男人。

什麼是「情緒逃避型」的男人？

這種男人可以想出各種辦法來逃避情緒，也許是他的家人曾經在他的童年時期試圖控制他的情緒，但是並沒有成功，反被他閃得老遠！這讓他擁有了一種求生存的能力：就是有辦法不說話、就是有本事把媽媽晾在一邊，就是可以不接收到任何情緒！

守在情緒捲入型女人身旁的男人

當情緒捲入型的女人剛遇到情緒逃避型的男人時，她會覺得有種平靜、有種安全感，甚至有些羨慕——因為眼前這個男人可以把所有情緒隔絕在外，這是她最欠缺的能力。跟這個男人在一起，自己的情緒似乎能夠被好好地承受著。

不過，一旦過了熱戀期，女人就會開始抱怨男人：為什麼這個男人從不跟自己分享情緒？女人開始擔心：「在他眼中我是不是很煩人？」、「他為什麼總是關著心門，什麼事都不告訴我？」或者，「他根本就是無感的石頭？」

永遠分不開的怨偶

因為有情緒的人始終是情緒捲入型的女人，情緒逃避型的男人即使心中憤怒，也不會表達自己的情緒或訴說自己的委屈，如此一來，這對男女就會變成典型的怨偶組合，女人負責發怒、指責，然後自憐、感覺孤獨，而男人就擔任忍氣吞聲的角色，他們是不折不扣的怨偶，但卻像南北兩極的磁鐵，吸住了就分不開！

分手時該說實話嗎

……為什麼分手時總會說出很瞎的話？

「男女分手時到底該不該實話實說？」這是長久以來爭論不休的話題。我的建議是：盡力誠意地解釋，但不要強求對方接受自己的說法和看法。應該要在實話與「對方聽得懂的話」之間折衷一下。

因為在剛要分手時，自己往往還未釐清想法和感覺，所謂的實話，不過是當時急欲分手而選擇強調的角度，這是非常主觀的。說不定事過境遷後，連自己也不再認為如此了。既然不是百分之百的宇宙真理，對方當然可能不認同。

另外，就算自己百分之百確定分手的原因，如果不考慮對方的感覺而說出太傷人或太自私的實話，對方將無法理解，也無法接受，甚至會因為困惑或不甘心而繼續糾纏，或心生怨懟。

分手的核心原因可能微不足道

為什麼分手的時候容易說出很瞎的話呢？

情侶面臨分手時，雙方心裡都有一個難以被人瞭解的深層原因，那就是：「你違反了我很在意的原則」。

這種原則是一個人心中最重要、最堅持的東西，是所謂的「核心概念」。戀愛是為了讓自我更完整，如果情人一再地讓人失望，「核心概念」始終得不到滿足，那麼看著對方時，就像看著一個累積犯規的球員，最後只好對他提出分手。這種讓人失望到要開除情人的核心概念，在旁人眼中往往只是微不足道的事。有人告訴我：「我女朋友撒嬌的方式不對，所以想跟她分手。」還有：「男友的手指頭形狀很醜，我想要被手指修長的男人撫摸。」這種理由能說嗎？說了人家會懂嗎？

雖然有人是為了比較理性的核心概念而分手，像是「感情應該互信，我不要一個反覆劈腿的人」，不過，大部分的人根本不清楚自己到底是為了什麼而分手！

分手的真正原因，難以溝通也不被接受

只要是違反彼此內在核心概念的事物，都可能導致分手。分手的真正原因，基本上就是無法溝通，而且不可能溝通的。

請大家試想：如果分手的原因可以溝通無礙、可以被欣然接受的話，表示兩個人觀念還滿一致的，那其實也不一定需要跟這個人分手了，不是嗎？

雙方既然已經無法溝通，何苦在最後堅持要達成「分手原因的共識」呢？我很少看到一個人可以精準表達自己要分手的原因，並且還能獲得對方的理解。如果有一個人能真正瞭解你為什麼不再喜歡他，而且還誠心接受，覺得自己的確應該被開除……我想這種知己真的很難找，乾脆重新考慮跟他在一起吧？

所以，分手時不一定要說出像「我看到妳的臉就想吐」或「我已經愛上比你更好的人」這種殘酷的實話，但更不該說出像「算命先生說我會剋你」、「我是個爛人，配不上妳這樣的天使」這種不負責任的鬼話。

分手需要說的是「人話」，平心靜氣、不做人身攻擊，但又十分堅定的話——「不知道為什麼，感覺已經不見了」、「彼此都盡力了，你也受苦了，但我確定沒辦法」。

說出肯定自己但也尊重對方的話，分手後，仍然願意感謝對方。抱著這樣的心情，希望可以減少一些分手的恩怨！

愛情復仇者

……誰想成為愛情復仇者？

有人問我：「女生分手後會想要報復，應該是被傷害得很深吧？」

其實，我認為這是個性的問題。有些人不管遇到什麼樣的分手情況，都會覺得受到傷害，這些人多半控制欲很強、或是沒有辦法忍受自己被拒絕，也比較無法處理生命中所遇到的挫折。

我曾聽過一個案例，有個女孩被男友無預警地宣告分手後，開始出現一些報復的舉動，先是打無聲電話給前男友，去他的工作場合站崗，後來還發動網路攻擊，在他的Facebook上瘋狂留言、抹黑他，甚至把兩人之前的往來信件寄給他的新女友，讓前男友不堪其擾。

這個女孩之所以這麼做，並不代表前男友真的有傷害到她，即使對方在分手時已做到仁至義盡，她的心裡還是會有種被淘汰、被拒絕的感覺。

有些人的個性就是沒辦法接受有人不要自己，這是一件太恐怖的事了！以這個女孩為例，她會想：「我一定是很糟糕，不然對方怎麼會不要我？」她無法承受自己被否定的感覺，因此，她要抵抗這個感覺！抵抗的第一個方式是設法挽回對方，如果對方能繼續和她在一起，那麼，她就不用面對「我是不好的」的這種感覺。可是，對方如果不想和她繼續在一起，她又不想要面對這種自我被否定的感覺時，就只好把它丟給對方，讓他被醜化，努力破壞他的新戀情。

深陷痛苦的愛情復仇者

表面上，她的做法看起來像是在攻擊別人，其實也攻擊到自己，是玉石俱

焚的意味。畢竟去前男友的辦公室等人要花時間，發黑函破壞他的名譽，自己的名譽也會受損，為什麼她還是要做出損人不利己的報復行為呢？

這是因為她的心太痛了，無法看清兩個人之間到底有什麼問題。

當兩人的關係已不能挽回、徹底失望的時候，她的直覺反應就是攻擊這個背叛、不要自己的人。這就像玩紅綠燈遊戲，換對方做鬼一樣，把壞的感覺傾洩給對方，自己就不會感覺到受傷，因為對方會更受傷。女孩藉由這種方式，來維持一種內心的平衡，但這種平衡能不能排除她受傷的感覺呢？還是不能！因為她會被其他人討厭，也更討厭自己。

愛情復仇者自身也深陷痛苦，當她在復仇的時候，內心的情緒不只是憤怒跟破壞，還有深深的「存在危機感」。其實她並不喜歡這樣的自己，她越是強烈攻擊，表示潛意識裡越是挫折，被拋棄讓她覺得自己很糟糕，所以才會演繹出更多糟糕的行為。

例如：因為無法容忍對方的生活已經沒有自己了，只能想盡各種方法，爭取對方的注意力，但這樣做不但把自己搞得很苦，也容易被人看不起。

面對戀情失敗因而產生想要復仇的心理時，不妨試著瞭解，這時的情緒並非只有憤怒而已，真實的自己並沒有那麼糟，只是受了傷！此時，最好能把注意力轉移到其他領域或新的地方去表達自己，用其他方式來爭取自己的空間，別硬是擠到不要你的人的世界裡。

交往之初就要預留安全界線

男女朋友在交往之初，就要預留安全界線，保持戒心，為自己留一條後路，才不會讓自己在分手時，沒有任何地方可以去。也不要讓他知道你所有親戚朋友的地址、電話，或是太多的工作內容。

如果分手後，對方仍不離開，該怎麼做呢？請參考以下的【分手處理時間表】：

＊第一階段【安撫期】：分手後零到三個月期間

這段時間，對方仍然很難接受分手，由於習慣在一起，突然間要變成兩個人各自生活，對方可能情緒非常激動，所以這段時間，建議大家不要太堅持對與錯、是與非、應該與不應該的問題。當對方打電話來，或是很痛苦地希望你還能和他說說話，有時候還可以做些安撫，這是一種對別人的體諒，也是盡量讓分手可以比較和平，算是一種誠意的表現。

＊第二階段【放空期】：分手後三到六個月期間

如果過了三個月，對方還在聯絡你，還沒辦法分手，這時候情況就不一樣了！我們必須把這個階段做為【放空】的處理。這時候必須開始減少接觸，甚至完全切斷聯繫，如果沒有進入這個階段，會永遠分不了手。自己這時也應該準備好，兩個人不再是戀人的關係，所以這時候盡量不要再接電話，必要時可以換電話號碼。萬一遇到對方可以微笑以對，別讓對方難堪，但也暫時不要做任何接觸了。

＊第三階段【防護期】：分手後滿六個月

當分手已經超過六個月以後，便該進入【防護期】，如果對方在這時還不肯放手，就要開始積極地面對問題。要是之前有說不清楚的話，那必須再讓對方很清楚的知道一次；若話已經全部講清楚，對方卻依然要糾纏，那就必須要小心對方的分手調適非常不好，所以自己必須要謹慎，如果對方糾纏得太過分，也要採取適當的措施。

為何舊情人喜歡爆料過往情史？

我們經常會聽到剛分手的人說：「我要把過去那段美好的記憶整理好，

再畫上句點！」此外，有些人明明已經跟舊情人分手好幾年了，但是突然間心裡就會過不去，想要跟舊情人發生連結。比較輕微的狀況，就只是內心感到痛楚，或是覺得渾身不對勁；比較嚴重的話，會在分手多年後去爆料過往的情史。

有一種微妙的心理狀況是，他們很在意自己在對方心中的存在位置，不能接受自己已被對方遺忘，於是開始焦慮地提醒自己，對方已經快要跟自己沒有瓜葛了，因而採取爆料行動。

那些口頭上宣稱已畫上句點的人，在分手一段時日後，往往又開始想念對方，想要重新整理兩人過往的甜美記憶。這顯示了他們的生活當中出現匱乏的訊號，或許是事業遇上瓶頸，也有可能是跟目前的伴侶發生問題；看到舊情人過得比自己好，更是覺得過不去。不過，一旦這些困擾他們的問題解決之後，不再感覺生活匱乏無力，自然就能放棄整理記憶的動作，那時才會真正地畫下句點。

分手沒有對錯

分手是兩個人之間的謀合出了問題，並沒有勝負對錯。當情人提出分手，妳是不是認為：「你不要我了」、「我哪裡不好？」，或是自責：「我是不是管太多」、「我不夠貼心」？過度沉溺於這些疑問，會讓自己承受不了壓力，最後只好用報復來宣洩。唯有接受彼此就是合不來，沒有對錯，不問是非，對方不想繼續在一起，就算了吧！人應該擁有選擇伴侶的權利，心平氣和地分手，也是為了讓自己走向更適合的伴侶。

祝福對方，才是祝福自己。

餵毒式的溫柔

……分手之後能不能繼續當朋友？

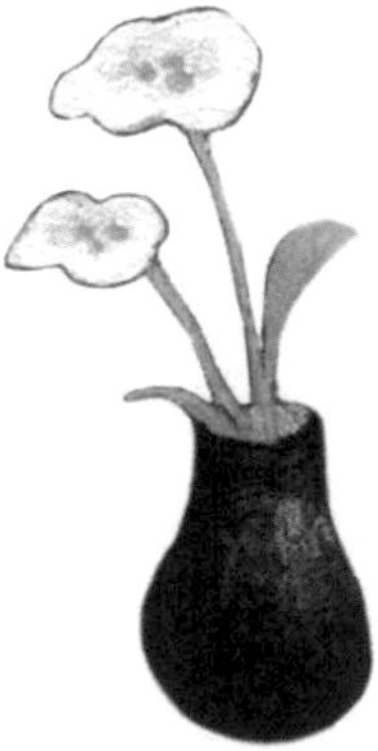

分手後還可以做朋友嗎？

「分手之後還能不能當朋友呢？」這是一個不知道被討論過多少次的問題，但是答案見仁見智，而且永遠沒有標準答案。

想戒掉也難的「餵毒式的溫柔」

當一對情人變成朋友之後，有種狀況是當女人還想要接近男人、再給他一些溫柔時，他雖然不會立刻拒絕，但是也不會回應她所給予的溫柔，因為他們已不是情人關係。

為了得到來自於舊情人的回應，這些女人往往不願放棄，會繼續不斷地付出，然後為了自己的付出沒獲得回應而難過……而更令她難過的是：她必須一再接受，自己早就沒有資格抱怨的殘酷事實。

舊情人給予的溫柔，其實是一種「餵毒式的溫柔」，當對方高興的時候，他會餵你一些，當他不高興的時候，沒有就是沒有。這種外表包裹著糖衣的溫柔就像是毒品一樣，它會讓人成癮、無法自拔，有時你以為自己已戒毒成功，但是當他三不五時又出現在你面前「餵毒」時，想戒都戒不掉，心情也陷入周而復始的沮喪情緒當中，無可自拔。

做不了情人，也不見得做得了朋友

我曾經遇過某個個案，這對情侶在還沒分手之前，男人其實就已經沒那麼愛她，所以她就一直吵、一直吵，吵到兩人非分手不可。但是分手之後，她卻覺得自己還深愛著男人，就算不能當情人，也甘願做朋友。

於是她繼續跟男人聯絡，每天都寫E-mail給他，有時獲得很好的回應，讓她覺得無比開心！但是，只要她不小心碰觸到敏感話題，提到當年的風花雪月，男人就會退縮，回到最安全的朋友位置。

某天，她寫了一封信給他，告訴他：「我今天被老闆辭退了，只有你才能夠安慰我，你應該瞭解我的心情」之類的喪氣話，這個男人卻依舊以朋友的身分，回應了一封最「安全」的信給她。

這封安全回信讓她有如被敲了一記悶棍，令她感覺非常痛苦！於是她對舊情人的最後依戀就在那一刻煙消雲散，從此斷絕聯絡，兩人最後連朋友也做不成了。

相信有許多人都曾陷在「分手之後還能不能當朋友？」的迷思裡，走不出來，這時，請好好檢視一下自己的心情。以前我相信情侶分手之後還可以繼續當朋友，後來漸漸發現，分手之後，如果雙方真的都已經對彼此沒有感覺了，當然可以繼續做朋友；但是，如果其中一方仍然割捨不下，還在默默地為對方付出，那麼就最好別再做朋友，否則勢必演變為一種剝削式的不對等關係。

比得兔的故事

……老是沉溺於無法挽回的關係？

有對情侶分手了，男人後來結婚生子，但是他的前女友還是深愛著他，也為他犧牲了很多交往的機會，因此男人心中始終對她存在著一份愧疚。

由於這種微妙的愧疚感，如果前女友來聯絡他，他通常不會拒絕，還是會跟她出去吃飯、聊天、看電影，前女友以為自己在男人心中還有一席之地。

這種曖昧讓還愛著他的前女友很慘，因為她將永遠離不開他。

事實上，這個男人會陪她去逛街、吃飯，只是覺得和她在一起還是有點樂趣，彼此各取所需而已，他畢竟還是有自己的界線。當他覺得前女友又開始投注太多情感、又把重心放在他身上時，他就會刻意拿出手機給她看，說：「這是我小孩最近的照片！」這樣的小動作，同時也是在提醒自己，說服自己：「我都敢拿小孩照片給她看了，表示我是光明磊落的！我對得起良心，這不是婚外情！」

當然，前女友也心知肚明，如果她不接受男人提到家人，就會被他隔絕在外。所以她假裝雀躍地說：「哇！眼睛好大，好可愛喔！」

有一天，他們經過一家玩具店，男人突然說：「後天是我小孩的生日，我想買個比得兔送給他當生日禮物！」

起初女人還很高興地幫他挑選玩偶，但是挑著挑著，她的心情突然落寞了起來，眼眶也紅了……

這讓男人內心升起一股罪惡感，於是他也買了一隻比得兔送給女人。女人很開心地收下，彷彿自己終於成為男人的家人之一，那隻比得兔就像是一種「家人認證信物」。

但是，當女人把比得兔帶回家之後，她越想越不對勁……

我要的原來不只是兔子

那天晚上，女人抱著男人送她的比得兔時，心情變得非常複雜：「這比得兔應該是我跟他結婚生子，一起送給小孩的玩偶才對啊！此刻我孤單地抱著兔子，他呢？他跟老婆小孩一起在玩兔子……」

「原來我只不過是一個陪你買比得兔送給你小孩的傻瓜！我想要的是跟你一起生小孩，一起買比得兔送給他。但是我卻為了你，把自己的人生卡在這裡，進退不得，沒有結婚、也沒有生小孩！」

想到這裡，她才真正的清醒了！

這是我一位好友的真實故事，她希望藉著分享這個故事，告訴大家，千萬不要像她一樣，過了那麼久的時間才從一段痛苦的關係中走出來。

女人最大的致命傷，莫過於對愛情一廂情願

最後，我的朋友決定，徹底放下這段糾纏多年的感情。她舉辦了一個丟棄比得兔的「告別儀式」，一群好友都參加了這場儀式，陪伴著一把鼻涕、一把眼淚的她，親手把比得兔丟掉。

我想到美人姐曾經在節目上說過：「人世間最可怕的事情就是——對一方來說只是一段情，但對另一方來說卻是一世情！」

愛情中最大的致命傷就是一廂情願。

如果你也正沉溺於一段無法自拔的關係，試著看清並接受這個殘忍的事實吧：一直以為自己在他心目中還有位置嗎？但對他來說，只不過是食之無味棄之可惜的雞肋。想通了這點，放下過去，走出陰霾吧！

挺身而出當壞人

……不願意成為壞人，就無法順利分手？

有些人分手永遠分不乾淨，無論怎麼分，都會藕斷絲連。

通常這些人在談戀愛的時候會很依賴對方，而當兩人必須要切斷原本關係的時候，提出分手的那一方多少內心還是會存在著罪惡感，於心不忍；而被要求分手的人，則會充斥著被拋棄感、或是被強烈否定的負面情緒，誰也不好過。

分手的大便理論

我曾經遇到一個分不了手的個案是這樣的——

女人先提出分手，然後男人立刻激動地說：「妳一定是有了別人，才要和

我分手！」

「我是上週才有了新男友，我們之間一年前就有問題，我那時就想和你分手了……」女人馬上提出反駁，但男人堅持不信。

由於「分手責任」歸屬問題，兩人一直解釋不清，因而無法達成分手的共識，始終無法順利分手。

我曾在節目中提出一個「大便理論」來解釋這種分不開的現象：分手的理由很多種，通常不是你錯就是我錯，而這個「錯」，就是人人避之唯恐不及的「大便」。

有情侶分手時會說：「因為你太幼稚，我才想跟你分手！」如果對方不願承受這個理由，就會把大便丟回來，「我哪有幼稚，是你花心吧?!」「明明就是你花心！」……彼此互相指責，誰也不願接下眼前那坨又臭又髒的「大便」。

當壞人才能順利分手

大部分的人都怕被別人指責，也怕被當成壞人。但是，在分手的過程中，非得要有一方出面承擔這個壞人的角色，否則無法完成分手。通常特別不想當壞人，分手分得藕斷絲連的人，都是內心沒有辦法忍受自己擁有太多缺點的人。

如果是在成長的過程中，曾經被傷害、遺棄，或是父母管教過分嚴格的人，也大多不能忍受自己成為一位無情無義的人，所以當別人指責他們是壞人時，他們的內心就會過不去！

分手是件非常痛苦的事，但是，分手時想要對方不氣你、不怨你，就太貪心了。有時你必須挺身而出當個壞人，接受在對方心目中「你很殘忍」的這個事實，否則永遠分不了手——尤其是面對那些堅持「分手就是你的錯」的人。

先發制人的愛情遊戲

……明明很愛對方，卻先甩掉對方？

有人喜歡玩「先發制人」的愛情遊戲，明明還很愛對方，卻為了避免被對方拋棄而搶先一步甩掉對方。這種「先發制人」的動作，在心理學是一種防禦，稱為「反向作用」。

先下手為強其實是怕被拋棄

有人實在太害怕被拋棄了，這種潛意識反而讓自己先出手破壞感情，形成是自己拋棄別人或背叛別人的狀況，讓對方完全不可能有機會拋棄自己。也就是說，為了抵抗被拋棄的恐懼，只好把這種可怕的局面反轉過來，充分抓住感情的掌控權。

很多習慣外遇的人，其實是很害怕被拋棄的，她們內心最深的不安是：「如果我很乖、很好，但還是被別人拋棄的話，該怎麼辦？」

先發制人的行為不過是自欺欺人

我曾經聽過一個實例，有位妻子很擔心老公會有外遇，原本只是捕風捉影，但她卻先發制人地做出一些與其他男性過於親密的行為。她有個奇怪的想法：「以後如果老公有外遇，我會比較能接受吧。因為是我做得太過分，老公才會外遇的，這一切都是我自己造成的，我也沒什麼好怨……」

這種出於原始本能的防衛行為是不成熟的，可惜許多人一生都不瞭解自己在做這種事。如果大家還是覺得很難理解，不妨想想家裡的小朋友——擔心成績不好的孩子，應該更用功吧？但如果怕到過頭，就很可能出現徹底相反的行為，完全不唸書甚至不上學，如此就能說：「我並不是唸不好書，是根本沒唸嘛！」

女人不該只是一碗牛肉麵

……死守糟糕的關係是最浪費生命的事？

為了取悅並獨占男人的心，許多女人費盡苦心、努力表現最好的自己，但後來卻發現老公還是出軌了，女人不解地問：「我做得這麼好，他怎麼還會往外跑？」

我倒是想反問，為什麼會有這種問題呢？一個女人就算做到最好，也只能是某一型的最好吧？並不代表男人就從此不再受到其他誘惑。這麼說吧，就算妳是最棒的牛肉麵——汁濃、肉嫩、麵條Q，世界上還有牛排、滷肉飯和蛋糕！

世界上的女人有成千上萬種，即使竭力做到了某一型的極致，也只是這一

型而已。例如成為賢妻良母，就不會是令人又愛又恨的惡女；如果是令人摸不透的惡女，就不會是讓人憐惜的小綿羊。總而言之，妳就是妳，不可能是所有的東西。

當男人有外遇的時候，大部分的女人會急著想要瞭解，男人到底在想什麼？卻很少去思考，自己到底要什麼?!

很多女人希望男人一輩子只愛她一個人，但自己卻從不知道如何愛自己。也許是沒有辦法、沒有勇氣，或是沒有能力愛自己。當對方劈腿的時候，只想著「他怎麼可以不愛我」，用盡各種方法指責或挽回男人，但卻沒有好好地問過自己：「如果他真的不愛我了，那我想要什麼？」

有太多的女人不敢面對事實，因為一旦面對事實，可能不知如何是好，該離開呢？還是嘗試改變？改個性？改做法？改樣子？就算找了諮商師，也只談：「為什麼我老公會這樣？」、「我老公的心態是哪裡有問題？」花了很多力氣追究對方的問題，卻不觸碰自己的問題。

留在早已變調的婚姻裡，究竟是為了什麼？每天在家苦等老公回來，但是老公一進門，馬上擺出一張臭臉。明明對婚姻早已失望透頂，但當老公要簽字離婚的時候，卻說：「我死也不跟你離婚！」

為了孩子、為了共同的事業，女人有很多無法離婚的原因，如果是這樣，就好好過日子吧！試著安排自己喜歡的活動，讓自己放鬆心情。如果不放開胸懷，又不敢離開，只會把一生都浪費掉。在婚姻中感到痛苦，如果只期待老公悔改，自己無力做任何改變，甚至不想跨出家門，就像藤蔓般緊緊依附著那個對自己不忠實的男人，守著一段早已破裂的關係。到最後，看似保住了婚姻，心靈卻已被掏空。

在婚姻關係中，不只是女人，男人也是一樣，除了追尋對方要的是什麼之外，更要思考自己要的是什麼。探究兩人之間到底出了什麼問題，問題絕對不會只在一個人身上。

為自己找到重心與生存意義，比死守一段糟糕的關係更加重要。奇妙的是，當自己改變時，說不定兩人的關係也會轉化！

相愛是緣分
相處是智慧

人與人的關係就像是一起攜手走遠路，

走在一望無際的平坦大道上是幸運，

但更可能遇到獨木橋或碎石坡，

想要長長久久地走下去，除了不變的真心，

更要靠智慧與自信！

保持個體距離

……只想跟對方徹底融合，有錯嗎？

人跟人交往的時候，必須要保留一道適當的界線，夫妻之間也是一樣。

有一次，我在百貨公司看到一對夫妻在逛街。丈夫穿著拖鞋，鬍子也不刮，看起來一副不修邊幅的樣子，因此妻子忍不住當場數落了他幾句，這讓在大庭廣眾之下被批評的丈夫感到很不是滋味，臉色很臭；而剛才在精品店，因為丈夫打扮得太輕便而被店員看不起的妻子，也是一臉委屈的表情。

我想，這位太太就很需要建立夫妻之間的「心理界線」。如果有了界線，她便比較能容許對方不符合自己的理想，也就是：不管對方好或壞，不見得和我有關，這是在婚姻中保留彼此喘息空間的要件。就像吃鴛鴦鍋一樣，一鍋是紅湯，一鍋是白湯，中間隔著一道板，紅的任你盡辣，白的不會受到影響，共存又獨立。

保持心理界線的第二個好處是：不會過度要求伴侶。在婚姻裡，很多人就是缺少這種心態，只會一味地挑剔對方，造成一些不必要的爭執和難題。

第三個好處是：一旦對方有問題時，能夠自保。我常看到一些先生或太太積欠卡債，把另一半也給拖下水。在婚姻裡，千萬不要打肉搏戰，不是為對方做牛做馬，才叫做愛。

能夠維持健康的界線，夫妻之間才能擁有長久的關係。

事與願違的真相

……越想讓婚姻完美，越容易嫁給不理想的男人？

蕭伯納曾經說過：「人生中有兩大悲劇：一是得到自己想要的，二是得不到自己想要的。」這句話讓我感觸很深，想到許多女人越努力想要讓愛情、婚姻完美，卻越是吸引一些不負責任的男人，徹底破壞了她們的感情和人生。

為什麼會有這種情形呢？強烈期待模範婚姻的女人，心中常有鮮明的「好太太」意象，在雙方交往的階段，她非常熱中地演出「我是一個完美妻子」，像是幫男友做便當、弄領帶、打掃住處、搭配衣服……等等。男人只要好好接受她製造的情節，在暗示的過程中配合演出，誇獎她是個好太太、既賢淑又可愛之類的，女人就容易覺得一切都符合夢想，以為和這個男人在一起，自己就真的是理想中的完美妻子，進而假設對方也是個完美的丈夫。如此下去對其他事情根本沒有多加考慮，然後就和這個男人結婚了！

我把這種過程稱為「在夢裡嫁給夢中情人」。由於自己的預設立場和角色太強，交往時根本看不到對方真正的樣貌。婚後夢醒時，問題才逐漸浮現。

想做完美妻子的女人，不妨問問自己：妳真正想要的，是不是一個與完美妻子對應的「完美丈夫」？完美妻子必須對應一個好老公，否則就只是一齣獨角戲。

當女人發現自己盡力扮演好太太，對方卻一點都沒有演出好先生的誠意時，女人的憤怒和失望會非常強烈，因為自己做得太好，完全無法忍受老公不夠好，於是不斷地攻擊這位相形之下不理想的老公，而老公則是被變臉的太太嚇到：「之前不是很溫柔嗎？為什麼現在這麼兇？」很多男人感覺這像是買到了不實廣告的商品，不滿之餘也產生抗拒之心，更加不願意配合妻子的期望，這種婚姻的下場可想而知。

女人當然都期待婚姻幸福，但這並不是單方面努力就可以達到的，必須選擇一個好的伴侶，觀察他是否能夠和自己一起扛起人生的責任。

因此，對方也要有相當的努力和意願，再配合自己的努力與毅力，一起打拚，才可能擁有美滿的婚姻，千萬不要以為只要自己更努力，就可以把男人變成妳想要的理想丈夫。

我只是在服務

……想當大女人又想當小女人，造成婚姻問題？

女人很喜歡為另一半打理一切，最常見的就是在準備三餐和打點老公的外表上。

幫另一半準備三餐雖然很辛苦，卻也是女人特有的控制方法，這是一種「侵入性控制」，當女人將食物一點一點注入男人的身體時，就好像逐漸改造了男人的細胞。有位女性朋友甚至說：「等老公被我餵養了十年以後，來自他媽媽的東西就會統統不見，變成我的作品啦！」

女人藉由食物把自己的影響力灌注到男人的體內，讓男人等於是吸取了自己提供的養分才能苟活。而喜歡為男人打點外在的女人，則有點把男人當成配件的心態。

在意男人的外表、衣著打扮甚至是髮型的女人，多少傾向自戀。她希望跟自己搭配的所有東西都是好看的！如果她的男人已有些身分地位，女人會把他當成名牌服飾來看待；如果這男人並非有權有勢的名牌，那麼更要看起來順眼，否則自戀的女人會擔心別人在背後嘲笑她：「這女人條件不怎麼樣吧，不然怎會跟那麼不稱頭的男人在一起。」

除了自戀，女人過於熱中為另一半打點外在，往往也是因為自信心不足，更想控制男人。自信心充足的女性並不會太在意身旁的男人好不好看，只要自己好看就夠了。

大部分的男人都不太能接受女人幫他打理好一切，有些男人不但不能接受，甚至還會唱反調；當女人說他穿白色衣服很好看，他一定會換成完全相反的黑色。

無論是準備食物或打點外在，都算是女人的一種貼心服務，麻煩的是，有

些女人心思實在太複雜了——幫男人打理時，常會出現一種矛盾心態，如果她幫了老公，老公也乖乖配合，她心裡竟然生氣起來，想著：「為什麼你這麼無能，所有事情都要靠我幫忙呢？」雖然她想要幫忙男人，但是又忍不住嫌棄對方無能、沒有主見。她想當大女人，同時又想當小女人，這種矛盾心態很容易讓男人無所適從，造成婚姻問題。

老公們偶爾可以適度地抗拒，保持一點自主的尊嚴，不要變成無趣的傀儡。但這種抗拒必須很技巧，也不能太過頭，因為女人最怕聽到男人說出這句讓她心碎的話：「為什麼我什麼事情都要聽妳的？」

女人聽到這句話一定會憤怒異常，因為她並不想掌控一切，也從來沒要求男人凡事都要聽自己的，她只是單純地認為：自己在服務男人而已。

重申一句老話：服務別人，必須得到別人的同意，否則只是在服務自己！

忙著打蟑螂不如把家掃乾淨

……為什麼老公外遇時，太太總是指責小三？

關於男人外遇，女人有種奇怪的習慣，就是找另一個女人出氣。當她們發現女性好友橫刀奪愛時，她會痛恨好友；當爸爸外遇時，女兒常對媽媽發脾氣；當老公外遇時，妻子就竭盡所能地找小三算帳。

為什麼女人老是「恨不對人」呢？如果女人無法釐清問題出在誰的身上，就很難從一段失敗的感情中走出來，甚至被它困住好幾年，沒有辦法迎接下一段戀情。

節目中問過一個問題：「如果妳很愛妳的男朋友，結果他跟妳的好朋友在一起，妳會比較恨誰？」結果大多數女生都說會恨朋友。

雖然大家都知道真正傷了自己的是男友，但卻很難面對這個事實。這是一段必經的痛苦過程，一般人在剛開始時都無法面對。但是「長痛不如短痛」，勇敢的看清自己在愛人心目中的位置——原來，當他屈服於欲望時，是如此輕易地忘了妳的存在。

真是個恐怖的真相！所以許多女人會轉移焦點，把她們的憤怒移轉到另外一個女人身上，與其承認自己在男友心中微不足道，還是歸咎於好友的無情無義比較簡單。藉由不停地攻擊第三者，不去思考男友不夠愛自己的事實。

發生外遇時，男人都高枕無憂嗎？

外遇會把相關的人都折磨到瀕臨崩潰。一般人在處理外遇問題時，思考多半太理想化，與真實世界和人性完全脫節。

外遇的第三者和家裡的元配都會很痛苦，事態嚴重時，這兩種人的神經會非常衰弱，不過，大家常忽略了外遇者的精神壓力。

外遇並不只是一個人「突然短路」這樣的事，在婚姻當中，如果兩人無法互相滿足，或者無法共同消化婚姻生活中累積的負面物質，可能就會有人出走，尋求第三者來填補情感上的不足。

之所以會有「男人外遇高枕無憂」的印象，多半還是因為男人好面子，不太承認自己的壓力和情緒。而且只要表明不想離婚，老婆們似乎都會幫忙善後。

如同本文一開始提到的，女人習慣找另一個女人出氣，當老婆的如此，當第三者的也是如此。身為第三者的女人受苦、受委屈時，也常選擇攻擊男人的老婆而不是男人本身。即使男人想離婚，她所做的也常是雙手一攤，讓女友去刺激老婆，讓老婆決心離婚。

而如果是女性外遇的話，不論想不想離婚，都必須要自己去解決，而且往往形成兩頭落空的窘境，甚至被兩邊的男人所傷害。這畢竟還是個性別角色相當不平衡的社會。

打蟑螂無法解決根本問題

面對問題並不是一件容易的事，人們傾向以相對簡單的方法來解決。婚姻出現外遇，就像家裡出現蟑螂一樣。有人覺得打蟑螂比清理陳年雜物來得容易，因為蟑螂只要看見一隻、打一隻就好，但是維持家中的整潔，卻是每天都要費力去做的事。

夫妻之間長久相處，也會產生無數情緒的垃圾，因此每天都需要清理。許多夫妻忙於生活現實，就像忙著打外面的蟑螂，從來不去看彼此之間出了什麼問題，於是垃圾就越積越多，等到有一天不得不正視兩人之間的問題時，婚姻已經無可救藥了。

如果大家願意隨時檢驗婚姻狀態，努力和另一半溝通，保持婚姻生活的和諧，隨時把家裡打掃得一乾二淨，蟑螂自然就不容易出現！

妳真的沒有那麼偉大

……女人習慣將婚姻的錯誤歸咎於自己？

許多女人習慣將婚姻的問題歸咎於自己，好像千錯萬錯都是自己的錯！她們只要碰到另一半外遇，就會一直去想：「是不是我哪裡不好，所以他才外遇？」、「難道是我給他太大壓力，他才躲起來嗎？」、「還是我把家裡照顧得太好了，所以才讓他想往外發展？」

其實，妳真的沒有那麼偉大！

以為老公所有的心思意念都跟自己有關嗎？這是一個非常不實際的想

法。人的心念是非常複雜的，許多外遇的人無法回答老婆的質問，例如：「我哪裡不好？你為什麼要跟別人在一起？」但他們心裡很清楚——「為什麼外遇？其實跟老婆沒有關係，就是因為遇到了嘛！」就算老婆沒有缺點，他還是可能外遇。

傳統的婚姻價值造成女人自我膨脹的心理，覺得一切事情都是自己能夠左右、能夠影響的，其實，人沒有這麼偉大！以為只要改變方法、降低標準，或者是只要把小三除掉，就可以把另一半的心拉回來，有時候是太單純了。

這時候應該冷靜理解婚姻的真相，想想兩個人還有沒有機會重新來過，或者自己的人生是否要轉向？老公外遇時，如果氣急敗壞地追問：「我到底做錯了什麼」、「難道我為這個家付出的還不夠多嗎？」是不可能有用的。

自我反省的目的，不是為了委曲求全

婚姻出現問題時，自我反省是必要的，但反省的目的並不是為了論斷是非，也不是為了確保挽回男人，而是要更瞭解自己。

男人外遇的理由成千上萬，有人會說是為了「性」。這種說法對於妻子而言，是最讓人洩氣的，像是一種無法反駁的指控。我建議妻子們不要被這個理由打敗，性關係是需要兩個人一同學習開發的，如果夫妻之間性關係不夠理想，絕對不是妻子單方的責任。男人對女人常會不知不覺地加以分類，例如：這個女人是滿足性的，那個女人是顧小孩的，甚至還有第三個女人是管錢、管事業的……在他自己的版圖上，他可以把各個女人依「功能」放在不同的區塊上！男人嚮往在不同的女人身上完成多種樂趣，但是女人卻多半希望在同一個男人身上找到所有的樂趣。

積極面對被劈腿的狀況

女人並不是只要美麗、性感、聰明、有趣，或者勤奮持家，就能杜絕男人外遇劈腿。如果有一天遇上妳最不想遇到的狀況，千萬不要把各種罪名攬在自己身上。外遇，說實在的，就像所有戀愛一樣，不需要原因也可以發生，需要追究探討的是婚姻如何修復，或走向各自的未來！

反正我就是爛人

……外遇的老公都不想修補夫妻關係嗎？

有個女人說：「我老公有外遇，我罵他無情冷血沒良心，他竟然說我不理解他！」仔細想想，這種說法本來就有誤，冷血無感的男人要怎麼談戀愛呢？

外遇也是戀愛

雖然有些男人把外遇當成一種習慣，不見得動心，只是多一個女人來服務他，他們的風流足跡遍及各地，每個城市都有一棟房子，裡面各自配備一位善於等待的情婦……不過，一般的外遇並不是如此，而是一場浪漫的戀愛。

自認外遇有合理性

為了減低愧疚感，人們會把外遇合理化，例如說太太疏忽了他，或者，最難說出口的是老婆讓他覺得索然無味。許多男人認為只要維持好家庭經濟，就是盡了責任，心態上可以平衡，他們認為外遇可以滿足人生的其他部分，不需要被妻子限制。但是，當所有人都把他當作禽獸般指責時，他只好讓自己做得更像禽獸——「反正妳覺得我是爛人、是禽獸，那我就做給妳看吧！」

不想離婚，也不想修補關係

很多老婆都會想問外遇的老公：「我們的婚姻是要繼續，還是要結束？」但外遇的老公不太會認真思考離婚的問題，他們通常只會輕描淡寫地說：「我沒有要離婚！」

大部分老婆的困惑是：既然不離婚，為什麼不跟我把事情講清楚，努力修補夫妻關係？

而大部分外遇老公並不想談清楚，也不見得有意願修補婚姻，他心中早已預設立場：「老婆已經判了我的罪，所謂修復關係，其實是入監服刑罷了！」這些外遇但不想服刑的老公，寧願被老婆當作禽獸，並且催眠自己：「反正我就是個爛人！」

面對抱持這種心態的老公，老婆只能問自己：「我能忍受的極限在哪裡？」

以德報怨的悲劇

……夫妻之間需要適時地表達憤怒？

有位妻子發現丈夫有了外遇，她選擇以德報怨，並且用溫良恭儉讓的態度自我檢討。她對老公說：「你會去外面找小三，一定是家裡給你的溫暖不夠，讓我們一起來改進吧！」於是，她把家裡打理得比前更好，對老公付出更多。甚至原本兩人分開的存款，她也拿出來變成共同的存款，她用這些舉動來表示「我們的婚姻不分你我」。

「以德報怨」讓關係更壞

沒想到，當老婆「以德報怨」地做到極致之後，老公反而變本加厲，以前只交一個外遇女友，現在同時有好幾個。老婆感到非常困惑，她去找老公理論，老公忿忿地說：「妳是聖人嘛！所有人在妳面前就是壞人！」

這位先生的內心有一個極不穩定的地帶，因為小時候家庭狀況不好，常受人輕視，造成他的個性暴躁、易怒又自卑，他始終無法欣賞妻子的寬容慷慨，甚至感覺妻子做這些事是在羞辱他。

適度的表達憤怒是必要的

由於觸碰不到老婆憤怒的中心點，讓他感到受挫，但他不相信老婆的心裡沒有憤怒，畢竟自己做了那麼多爛事！所以當老婆努力壓抑著內心的憤怒時，老公的自卑感反而無處平衡了！他曾說，如果老婆每天對他又打又罵的話，或許還可以消除一些他的罪惡感。

人與人之間的平衡真的很微妙，不喜歡道德上比自己差太多的人，但也很

難跟一個比自己優秀太多的人長久相處。婚姻中，適時地表達憤怒，坦承自己真實的情緒，有時會比無窮無盡的壓抑來得更好。

面子最重要

……婚姻越糟越容易離婚嗎？

婚姻狀況越慘烈的女人，越容易離婚成功嗎？

婚姻跟單純交往畢竟是不同的。不論多麼不愉快，離婚還是比分手難。一對夫妻從醞釀離婚到真正離婚的時間，從兩年到十年都有。離婚時間的決定因素不只是婚姻狀況，主要還是個性。在婚姻中受苦越多的人，並不像一般人猜想的，會快快離婚或毫無眷戀。例如：受到家暴的妻子是最應該離開的，但事實上，這種情況平均要七年才能離婚。較快決定離婚的人，往往是很堅持標準的人，只要稍微感受到一點生活走樣，例如老公把臭襪子丟到她放內褲的洗衣籃之類的，就很快地下定決心分開。

自信瓦解就無力反撲

越受虐越離不開？這種不合邏輯的現象是因為個人的自信心問題。

每個人心中都有所謂的自我形象和自我認同，基本上人們相信：「我是一個好人，我不應該被虐待！」但如果真的遇上一個不斷虐待自己的人，自我形象和自我認同會不斷地受到傷害。

這種傷害最可怕的地方，是讓人開始懷疑自己：「上天為什麼給我這種人生？這樣一直被打，我大概是個不值得被愛的人吧？」虐待者除了肢體暴力，也經常羞辱或指責受虐者，時間越久，受虐者的自信越會完全崩潰。在混亂的狀態下，自我認同不再穩定，也失去了對抗施暴者的能力。

如果是有自信的人，應該會大力反擊：「你不應該這樣，你不可以這樣對我！」但當一個人的基礎自信瓦解，就什麼都不能做了，完全無力反撲。即使有人伸出援手，她們也害怕自己需要承擔的壓力，害怕被施虐者報復，或者純粹害怕失去對方的愛，因而反反覆覆或拒絕協助。

因為走不了，受虐者只好尋找理由，說服自己留下來，例如孩子、長輩需要我等等。漸漸變成把注意力放在孩子身上，徹底忘記自己的尊嚴和權益。

如果不瞭解這些內心的枷鎖，旁人往往會誤解受虐者，以為她們的個性太軟弱或依賴心強，其實並不是如此！

婚姻並不是靠努力就可以成功

另外，人們也常以為受虐卻離不成婚的女人，必定是因為經濟能力或個人條件比較弱勢，如果是條件優秀的女人，就不會有這種困難，這也是違反事實的猜測。

條件優秀的女人也不容易離開受虐受暴的婚姻。雖然經濟無虞，擁有自己的工作和職場地位，她們卻有另一種心態上的困難。她們經常礙於尊嚴、面子，咬牙硬撐，長期忍受不為人知的委屈。因為別人一向覺得她很優秀、很幸福，如果要讓大家知道她被老公虐待甚至失去婚姻，這種狼狽實在難以承受——「以前羨慕我的人現在要笑死了！」、「別人一定會說，她裝得那麼光鮮亮麗，原來實際那麼破爛啊！」、「就說不可能有人樣樣好的，你看她，得不到男人的愛！」光是想像就覺得被擊倒了，還是逼自己更努力吧！所以她們更加希望能改善婚姻而不放棄，最後反而拖得更久。

根據從小的經驗，她們認定「任何事情只要努力就會成功」，從好處看，這是樂觀的力量，但這樣的信念也可能變成一種沒有意義的執著。

質素很差的婚姻並不是靠努力就能轉圜的。

婚姻的價值觀因人而異

常聽到一些年長女性說，婚姻對她們而言，已經不太重要，但她們也不想離開，留在婚姻裡，就盡力做好分內的事，老公要怎樣都由他去吧！能夠達到這種自在境界的女性，並非一般人所想的柔弱無助，而是在傳統價值觀、個人需求與生活現實之間找到了妥協的點。

但還年輕的妻子們，如何知道自己的受苦有沒有盡頭呢？最後會取得平衡，還是會浪費一輩子的時間，到老更懊悔？

愛不只是恆久忍耐，別忘了：愛也是「不喜歡不義，只喜歡真理」。拒絕對自己不合理的對待，勇敢認清另一個人的真相，才能找到屬於自己的答案。

複製父母的失敗經驗

⋯⋯童年陰影會影響婚姻嗎？

許多靈修、心理治療的大師都說過：下一代會複製上一代婚姻的問題。難道這是一種可怕的宿命嗎？

不談玄奧的宿命，我們可以用「傷口的呼喚」來理解這種現象。

在童年時，如果父母關係惡劣，孩子的心靈必定受到傷害。由於心智尚未成熟，受到家庭關係創傷的人，只能壓抑不愉快的記憶和恐懼的感覺。在成長的旅途上一直以為自己沒事，也沒有認真地看待、處理這些傷口，長大之後，才發現始終沒有痊癒的傷口會不時發出呼喚。

潛意識中的傷口

有一類常見的例子：某個女孩的父親有酒癮或家暴的問題，這個女孩從小就發誓：「我以後絕對不要嫁給一個會喝酒、會打人的男人！」但事與願違地，由於內心傷口的呼喚，她的潛意識進行著複雜的運作，使她身不由己地愛上會喝酒的男人，理智上不希望如此，但情感上卻無法逃脫。她可能會想：「那就想辦法要他戒酒好了！」結果為了爭執喝酒的問題，兩人關係變得很僵，有一天男人果真出手打了她，童年的夢魘彷彿活現了。

其實，許多人一輩子的愛情都耗在與這種詛咒般的潛意識拉扯。

令人討厭的傷口，為什麼要呼喚我們重歷呢？曾經有學生感嘆地問我：「這是人類心靈的設計缺陷嗎？」

如果我們相信精神分析的理論，人們重複創造創傷情境，是為了給自己「修正過去」的機會。例如：上述愛上酗酒男的女孩，內心一直抱著「無法改變父親」的遺憾，酗酒的男友創造了一個相似的情境，在潛意識中，如果她能順利改造這個男人，把他導向正軌，好好地愛她，不要再讓她傷心，在意義上彷彿超越了童年的挫敗陰影——也就是「我終於改變了像父親這樣的一個男人，悲傷已經終結了！」這就是內心創傷尋求修復的本能。

同樣的，我們也常看到因為父親賭博、頹廢或外遇，與家人長期生活在陰影中的男孩，他們嫉惡如仇，堅信：「我長大一定要變成一個負責任的男人。」結果最後他還是無法經營好婚姻與家庭關係。只要太太對他有一點點抱怨，他就會強烈地抗拒而爭吵不休。太太的抱怨會讓他很不舒服——「如果家人對我不滿，不就代表我跟我爸一樣，是個讓人失望的男人？」因為太討厭這種感覺，他完全無法承載家人的意見，只能我行我素，並且老是覺得自己受到誤解。結果在別人眼中，他實在是跟他的父親很像。

越想逃避創傷的陰影，越容易暴露弱點

有時太想逃避過去的陰影，也會成為弱點。年輕女性特別容易受到這種傷害。

有個女孩成長於破碎的家庭，非常渴望得到理想的愛情，彌補欠缺的父愛，她很容易被意圖不軌的男人一眼看穿。她們很容易表露心聲：「因為我爸爸如何如何……所以請你千萬不要這樣對我。」當女人發出了這種訊號，有心人只要專攻這一點，例如說些甜言蜜語，暫時表現得很像父親呵護女兒等等，就很容易讓女孩卸下心防，陷入溫柔的情網。但男人是否願意認真對待她？愛一個受過傷的人，就要有和她用一輩子療癒傷口的決心，如果這個男人只是抱著好玩的心態，膩了就走，女孩原來的傷口又會被撕裂一次，然後更容易有下一次……

一直表現出「我就是怕那個」的感覺，等於暴露了自己的弱點。女孩在這方面的弱點太明顯，就好像傷口淌著血的動物在森林中行走，鮮血的滋味很容易吸引飢餓的猛獸，統統撲過來。有時男人也知道，這樣的女孩一旦結婚後，非常不想成為單親媽媽，當兩人需求衝突時，他可以任性些，因為女孩會為了保有關係和愛，不斷地包容他。

「傷口的呼喚」會複製父母失敗的經驗

有時候心裡有創傷的女人所遇上的男人原本並不糟，本性也不錯，但開始相處或結婚後，他卻轉變為女人最不想遇到的那種惡劣老公，原因也是傷口的呼喚。

在夫妻的互動相處過程中，難免會吵吵鬧鬧，但是童年有創傷的女人，常常因為恐懼而反應過度。例如：只要有一點意見不合，就感覺自己不被瞭解、不被愛，彷彿陷入災難，世界末日已經到來……這就像內心的陰影跑出來，附在她的伴侶身上，她已經看不清老公本來的面目了。因此，她的言語與態度都因為恐懼而異常激烈，真的是無法溝通也無法安撫，於是情況變得不可收拾，老公也會因無助而憤怒、反擊或失去耐性，最後她們仍然複製了父母的失敗婚姻，成為彼此都不願見到的怨偶。

童年的創傷越深沉，呼喚的力量也越強。這是人類心理的趨勢，如果我們能整合並超越傷口的影響，才能邁向成熟的階段。

來自暴力家庭的小孩

……來自暴力家庭的孩子，無法學習情緒管理？

慣於用暴力對待孩子的父母，情緒控管的能力一定不好，他們無法用語言表達自己的情緒，往往孩子做對事的時候打，做錯事的時候也打，使得孩子沒有機會學習如何處理情緒。當孩子長大之後，只要情緒被別人挑釁，也特別容易被激怒！有時他們還會以為自己的反應根本不算什麼，但是在外人的眼裡，他們生氣時的反應簡直只能用「恐怖」兩字來形容。

一個人是否能夠分辨情緒，幾乎都是從父母身上學來的。但在暴力充斥的環境下長大的孩子，無法從父母身上學習情緒控管的能力。

管理情緒才能有自信

情緒管理是需要從小訓練學習的，人不能永遠停留在任意妄為的嬰兒時期。如果一個人對於情緒的控制能力很弱，他的自信心也會非常不穩定。這些人的「被威脅感」很強，也許他和伴侶之間只是發生了一點雞毛蒜皮的問題，但他會覺得兩人的關係正處於生死存亡的關頭，內心產生被否定、自己什麼都不是的薄弱感，因此情緒也更加激烈。

如果從小就沒有從父母那裡學會如何處理情緒，不管到了幾歲，永遠只會像嬰兒一樣，直接把一團亂的情緒丟出來，毫無整理、加工或疏通的能力，糟糕的是，大人的破壞力可比嬰兒大多了——嬰兒只會哭鬧，無法處理情緒的大人卻會打人，或是製造各式各樣的麻煩！

情緒控管能力習自父母

嬰兒沒有語言表達能力，對身體各部分的感覺也缺乏理解能力，寶寶們往往只知道「不舒服」，但實在搞不清楚「我現在是哪裡不舒服」，他們不會講「是什麼讓我不高興」，一律用哭、踢、鬧的方式來表達情緒，向大人求救。當嬰兒哭鬧不休時，一個成熟的母親能夠平靜地安撫他，觀察寶寶需要什麼，也幫忙寶寶瞭解本來無法釐清的感覺。例如，母親會說：「寶寶生氣了？」、「今天牛奶不好喝？」、「被子卡到腳囉！」在這樣的過程中，嬰兒會逐漸學習有效的溝通方式，也會逐漸掌握自己的感受。到了兩、三歲時，就可以清楚地藉由溝通來滿足自己的需求，或是解決問題。缺乏這種協助的嬰兒，可能會到了年紀很大仍然亂發脾氣，連自己都不知道在不爽什麼。

日前，我見到一個三歲的小女孩，在媽媽下班進門時，居然說：「媽媽今天看起來不開心，是不是老闆欺負媽媽？」這種能力已經遠遠超越了她的爸爸啊！

當爸爸外遇離家
……老爸外遇離家時，對女兒的影響比兒子還大？

當爸爸發生外遇的時候，對於兒子與女兒的影響是否會有不同？

我覺得在基礎上是差不多的。如果爸爸的外遇是發生在孩子很小的時候，小孩只會想：「要是我乖一點，爸媽是不是就可以不要離婚呢？」希望這個家庭能保持完整。

大一點的小孩，心裡可能認為媽媽很委屈、很無奈，所以對媽媽有種疼惜的感覺，不管他們想不想要這個爸爸，如果媽媽想要留住爸爸，孩子就會本能地想幫忙媽媽留住爸爸。

兒子承接母親的期待

進入青春期後，兒子與女兒的做法就有所差異了。若母親無法調適情緒，無法獨立，兒子常會跳出來指責父親：「你像個男人嗎？你為什麼沒有責任感？」會有這種態度的兒子，通常也是套用爸爸慣常教導他的方式，以其人之道還治其人之身。

在兒子的心中，他還是很渴望父親的。兒子需要認同父親，如果父親令人失望，他只好忍痛在心態上切割。其實，兒子想說的是：「我不相信我的爸爸會這樣！還我本來的爸爸！」這是一種情感連結的需求。

不要以為罵爸爸的兒子就不愛爸爸，或是以為他真的想把爸爸「往外推」，他其實是希望把爸爸拉回來的。由於媽媽期望爸爸能回頭，兒子就會自然而然地承接這種期望，覺得自己必須把家回復到正常的狀況，必須把爸爸拉回來。然而，無能為力的挫折感會傷害一個男孩的心理發展。這時候兒子跟母親一樣，也需要協助，但一般父母在這種時候很容易忽略兒子的心理壓力，爸爸生氣兒子不尊敬自己，媽媽沉溺於自己的悲傷。

女兒和母親相依為命

青春期後的女兒，和兒子一樣會覺得媽媽很可憐。她們都會產生更大的責任感，想要好好照顧媽媽，而女孩由於性別的角色，除了責任感之外，還會產生一種強烈的認同感，感覺自己和媽媽是「兩個被爸爸拋棄的女人」，她跟媽媽的心會緊密地綁在一起。

如果這位被丈夫拋棄的媽媽，從此無法把自己照顧好，或是陷於自卑自憐的憂鬱人生，女兒會非常痛苦，她一方面同情母親，但在如此悲傷的母親面前，女兒無法表達自己的需求：「媽媽已經很可憐了，我凡事不該再煩她。」因此女兒心情上常有孤單的感覺，叛逆期時可能會怨恨媽媽的軟弱，生氣媽媽為什麼留不住爸爸，母女關係可能變得對立而緊張起來。

總之，父親外遇離家對於兒女的影響都很大，請父母不要只顧著自己，更不能恣意地把孩子當作解決問題的幫手，不要沾沾自喜地以為孩子很早熟、貼心，孩子畢竟只是孩子。

斷腳椅

……離婚之後，不該阻止媽媽探視小孩？

有位從小父母離異的朋友說：「如果你坐的一張椅子不小心斷掉，讓你摔了下來，儘管隔天有人跟你說椅子修好了，你可以繼續坐，可是你卻絕對不敢坐！」

朋友會說這個故事，其實是暗喻他和母親的關係，他認為在他的成長過程中消失的母親，就像一張曾經斷掉、並且讓他跌倒的椅子，就算以後母親再出現在他面前，他也不敢靠近母親，更別說表達出他的愛，因為他曾經失去過母親，很怕再失去一次！

夫妻即使離異，也不能取消親人的位置

這個斷腳椅的比喻其實可以用來解釋很多個案，很多離異的夫妻會阻擋另一方探視小孩，以兒童心理學的角度來看，這其實也是某種「虐待兒童」的行為。

這些離異的大人往往會講出千百種理由來阻止另一方探視小孩，像是彼此觀念不合，會造成小孩認知混淆，或者是以「我現在的太太不能接受」之類的理由當藉口，拒絕讓對方探視小孩。

我知道心理醫師不該說「絕對」，但對於這個問題，我必須破例地說：「這是大人的問題，絕對不要牽扯到無辜的孩子！」

別讓父母在孩子的成長中缺席

父母是所有人類心靈的原鄉，而所有心靈疾病的源頭，也往往源自父母功

能的失調與匱乏。

除非另一方對孩子有暴力或虐待的行為，離婚的父母沒有權利阻擋另一方探視小孩，特別不該阻止媽媽探視小孩，父母缺席的孩子心中，永遠有一張搖搖欲墜的斷腳椅。

父母是基礎的歸屬感，不管做了什麼事情，人們都期待被父母無條件地接納，這跟一個人成功不成功、好不好都無關。父母也代表無盡的可能性，受到父母支持的人，才能具備冒險的勇氣，才能探索自己的可能性，不管結果如何，只要有心靈的父母後盾，人就可以面對無窮變化的世界，放心地追求自我。

婆媳問題中的男人角色

……婆媳問題往往來自親子問題？

我處理過一些婚姻治療的個案，很多人一開始是為了婆媳問題而來，但是當我把問題一層一層剝開剖析時，常會赫然發現，這些婆媳問題其實是來自於親子問題。其中，比較容易察覺的是母子問題，比較難以察覺的是父子問題；我想這是因為整個社會的「共業」，許多親子問題，最後往往被社會環境營造成婆媳問題，如此一來，男人之間的問題（例如，父子問題）就統統避開不談了。

婆媳問題的根源是親子問題

一個占有欲強的母親，會讓她的兒子想獨立又不敢獨立。他可能有意無意地選擇了一個跟媽媽合不來的妻子，幫助他與媽媽切割。

因為社會的觀念，兒子無法獨自承擔遠離母親的罪惡感，看著母親辛苦撫養自己長大，沒辦法拋棄媽媽，也放不開心中的責任感。但是他又非常希望獨立，於是他找到一位有足夠力量和媽媽抗衡的女人，幫助他完成跟媽媽分離的任務。

然而，當老婆跟母親上演「婆媳大對抗」的時候，他會躲得遠遠的，不敢介入。唯有如此，才不會再度被捲入內心對母親的矛盾情結。

最後，男人甚至會說服自己相信一切都是老婆的問題，完全不承認自己有任何與母親切割的念頭。有些男人甚至會挑撥離間，該說的好話不說，專挑引發誤會的話語傳遞，製造妻子與母親之間的對立，把兩人的關係導入他內心的劇本當中。藉由妻子反抗母親的意見，又藉由母親掌控妻子。

將這些複雜難解的婆媳問題抽絲剝繭之後，最後往往會發現，真正要治療的對象其實是男人。如果能針對這個層次處理，解決婆媳問題的康莊大道就會浮現在我們眼前。

無論如何都要談戀愛

……小孩想談戀愛，父母擋得住嗎？

不管當父母的怎麼想，如果小孩子想談戀愛，你們是絕對擋不住的！

讓寂寞的孩子在戀愛中找到快樂

有人認為缺乏父母陪伴與關愛長大的青少年，往往會因為寂寞而談戀愛。但是我並不認為如此，寂寞有分成自覺的寂寞跟不自覺的寂寞，大部分青少年都是感覺寂寞的！

不管人緣好不好，或家庭熱不熱鬧，他們內心想要被瞭解的是很獨特的部分。

青少年談戀愛的時候，想像的是電視上或小說裡那些唯美的情節，純愛的、理想的版本。他們把內心長期編織的夢幻影像投射在相遇的情人身上。

如果你隨便問一個男人：「你初戀的女孩長什麼樣子？」通常他們都會亂講一通，而且講的跟實際上的鐵定不太一樣，以幻想的成分居多！青少年喜歡的女生就像一個夠好、夠大、大家都看得到的螢幕，讓他可以在螢幕上投射出自己想要的模樣。

有些父母以為「缺乏父母陪伴與關愛的青少年才會因為寂寞而談戀愛」，以為自己如果能多關愛孩子，有父母陪伴、關愛的青少年就不會亂談戀愛。

如果你也這樣想，恐怕會在孩子戀愛時感覺自己是個傻瓜而生起氣來！

與其用力阻止，不如正視孩子談戀愛的問題

出於本性，孩子看見父母情感很好的時候，雖然開心，但也會感覺自己被隔絕於父母的關係之外，是一個「第三者」，所以會渴望擁有自己的感情，青少年就是會想談戀愛。

此時，為人父母者或許會困惑地問：「我該怎麼辦呢？對孩子管太嚴也不行，管太鬆也不可以，難道青少年就一定要談戀愛嗎？」

事實就是：不管父母怎麼想，如果小孩子想談戀愛，沒有人擋得住。

孩子談戀愛，會不會太早了？

如果孩子過早談戀愛，父母該如何面對這個問題呢？

我想為人父母最重要的課題就是：「不要害怕孩子談戀愛帶來的挑戰！」

陪伴孩子一起談戀愛

克服這個問題的方法，取決於父母的態度，父母不需要給孩子答案，也不需要指正孩子，而是要跟孩子一起去尋找答案，找出解決之道。

在尋找答案的過程中，父母對於愛情的疑惑也許會被挑戰，但還是要陪伴孩子一起去找答案。

當父母發現孩子正在談戀愛，而且談的是會影響學業、讓他不開心的戀愛時，通常會覺得自己被否定了，所以想要介入，希望把孩子從對愛情的追求，拉回到與父母的連結。但這種「拉」的方式，其實就是一種破壞行為，並沒有給予孩子真正的愛，只想斬斷孩子的戀情，所以孩子會感到無所適從。

大部分的父母發現孩子在談戀愛的時候，就會一股腦地想把孩子的愛情、友情斷然切掉，他們認為孩子的朋友都是一丘之貉，是幫忙孩子的共犯。但是，當孩子完全被孤立之後，反而會更想尋找一段新的戀情，此時的孩子是帶著傷口去談戀愛，所以更容易受傷。一再受傷之後，父母往往就會說：「你連談戀愛的本事都沒有，所以我更不能不管你。」最後就陷入親子關係的惡性循環。

和孩子一起克服難題

處理孩子談戀愛的問題時，我建議父母先捫心自問：「我們到底在怕什麼？」

很多人只會說：「小孩不成熟，戀愛需要父母的協助。」問題是，天底下有幾個父母真的知道如何處理被劈腿、被背叛等各種戀愛課題？

有位母親談著她的女兒被男朋友背叛的事，她很氣女兒為何不離開那個壞男人？這位母親說著說著，嚎啕大哭了起來。

我問她為什麼這麼激動，她說：「我老公一輩子都在劈腿，我也不知道該怎麼辦？」原來媽媽自己也不知道老公劈腿該怎麼辦，她當然害怕女兒談戀愛，害怕女兒和自己一樣受苦。

全天下的父母都希望兒女比自己過得好，可是兒女從小受到父母的教導，常常就會變得跟父母一樣，這該怎麼辦呢？此時，父母唯一能做的，就是和孩子一起去克服難題，重新學習愛情，跨越這道生命中的關卡。會擔心孩子談戀愛的父母，是不是都曾覺得戀愛很難掌控？自己受過戀愛的苦還沒有康復？還是，根本沒談過戀愛呢？

孩子，是生命賜與的禮物，是來幫助父母成長的。

非常關係，

也是

非常珍貴的禮物

非常令人憂鬱，非常令人煩惱，

非常讓人生氣，非常讓人激動，

非常使人開心，非常給人驚喜，

非常重視，非常深刻，也非常難忘……

人和人相處的片段有黑、有白、有灰，也會有彩色，

在欣賞那如萬花筒般的繽紛之餘，

也別忽略了背景單純的美好。

只要用心，加上用腦，

經營人生中每一段關係的機會，

都將是我們最珍貴、最美妙的禮物！

國家圖書館出版品預行編目資料

非常關係【恆常真心紀念版】/ 鄧惠文著.--二版.--臺北市：平安文化. 2021.12
面；公分（平安叢書；第0700種）（兩性之間；45）

ISBN 978-986-5596-49-1(平裝)

1.戀愛 2.兩性關係

544.37　　110018175

平安叢書第0700種
兩性之間 45
非常關係
【恆常眞心紀念版】

作　　者—鄧惠文
發 行 人—平雲
出版發行—平安文化有限公司
台北市敦化北路120巷50號
電話◎02-27168888
郵撥帳號◎18420815號
皇冠出版社（香港）有限公司
香港銅鑼灣道180號百樂商業中心
19字樓1903室
電話◎2529-1778　傳真◎2527-0904
總 編 輯—許婷婷
責任編輯—黃雅群
美術設計—嚴昱琳
內頁插畫—蛋妹（韋帆）
著作完成日期—2011年
二版一刷日期—2021年12月

法律顧問—王惠光律師

讀者服務傳真專線◎02-27150507
電腦編號◎380045
ISBN◎978-986-5596-49-1
Printed in Taiwan
本書定價◎新台幣340元/港幣113元